MEMOIRES

DE MESSIRE

ROBERT ARNAULD

D'ANDILLY,

Ecrits par lui-même.

SECONDE PARTIE.

MEMOIRES

DE MESSIRE

ROBERT ARNAULD D'ANDILLY,

Ecrits par lui-même.

SECONDE PARTIE.

A HAMBOURG,

De l'Imprimerie d'A. VANDEN-HOECK, Libraire à Londres.

MDCCXXXIV.

MEMOIRES

DE M. ARNAULD D'ANDILLY.

SECONDE PARTIE.

LE Roi arriva à Paris le 10. Janvier 1623. & M. de la Vieuville, qui s'étoit instruit depuis long-tems dans les Finances, chez M. de Beaumarchais son pere, réüssit enfin dans le dessein qu'il avoit formé d'arriver à quelque prix que ce fût à la charge de Surintendant. Ainsi le 21. du même mois M. de Schomberg m'envoya querir. Je le trouvai seul dans son grand cabinet, & il me dit: » Me voilà bien récompensé de tous mes services. Le Roi vient de m'envoyer par M. » Tronçon un ordre de me retirer à Nanteüil,

» & de vous remettre entre les mains tous mes » papiers. Je ſuis fort aiſe de ce dernier ordre, » parce que je ne ſçaurois les donner à per- » ſonne en qui j'aie plus de confiance qu'en » vous, ni qui puiſſe mieux s'en ſervir pour » ma juſtification. » Je lui répondis ce que l'on peut s'imaginer : Et ſur cela M. le marquis de Megnelai, Madame la ducheſſe d'Halluin ſa fille, belle-fille de M. de Schomberg & Madame de Liancourt arrivérent. Il les mena & moi avec elles dans ſon petit cabinet, ferma la porte, & leur déchargea ſon cœur ſur l'injuſtice du traitement qu'il recevoit. Il finit en leur diſant: » Dieu ſçait que j'ai ſervi le Roi avec tant de » zele, de fidélité & de deſintéreſſement que » je n'ai ſur cela rien à me reprocher. Le ſeul » regret qui me reſte, eſt de n'avoir pas cru » Monſieur d'Andilly, lorſqu'il me conſeil- » loit de faire des amis. Mais j'étois ſi oc- » cupé de ma paſſion pour le ſervice, que je » ne penſois à autre choſe. » Il partit le ſoir même pour ſe retirer à ſa maiſon de Nanteüil, d'où il ne ſe paſſoit preſque point de jour qu'il

ne

ne me fît l'honneur de m'écrire, & je lui écrivois de Paris tout ce qui le regardoit.

Cependant M. de Puisieux qui m'aimoit fort, comme je l'ai dit, & qui étoit alors en grande faveur, m'envoya dire que le Roi vouloit me rendre justice, & me donner la charge d'Intendant des Finances qui m'étoit si justement dûë. Je répondis que l'éloignement de M. de Schomberg n'étoit pas un tems propre à recevoir des graces ; & tant que M. de Schomberg a vécu, je n'ai point vû M. de Puisieux ; parce que l'on croyoit qu'étant d'un parti contraire, il avoit contribué à sa disgrace. Mais après la mort de M. de Schomberg il me fit l'honneur de me venir voir, & m'a toûjours témoigné jusqu'à la fin de sa vie une amitié particuliére.

C'est une chose incroyable que la quantité de visites que je recevois continuellement durant plusieurs jours après cet éloignement de M. de Schomberg, quoique chacun sçût que je ne prétendois alors aucun emploi. Ainsi un jour que mon cabinet étoit plein de personnes de qualité, M. Tronçon qui portoit tous les ordres du Roi, entra & me dit que le Roi me commandoit de remettre entre les mains de M. de Beaumarchais tresorier de l'Epargne qui entroit en exercice, tous les papiers que M. de Schomberg m'avoit laissés. Je lui répondis que le Roi étoit trop juste pour me faire un tel commandement, s'il eût été informé du particulier; que ces papiers étoient nécessaires pour la décharge de M. de Schomberg de plusieurs millions employés dans une si grande guerre; mais que retenant les originaux pour sa justification, j'en ferois faire des copies collationnées qui suffiroient à M. de Beaumarchais, & irois en rendre compte au Roi. Le jour même j'allai trouver Sa Majesté, & après lui avoir dit ce que j'avois répondu à M. Tronçon, j'ajoûtai: « Que ma conscience m'obligeoit à lui „ témoigner qu'il étoit impossible de le servir „ avec plus de passion, de fidélité, & de désintéressement qu'avoit fait M. de Schomberg; & que comme je n'étois point à M. „ de Schomberg, mais à Sa Majesté auprès de „ lui, s'il avoit donné sujet aux mauvais offices

„ ces qu'on lui avoit rendus, elle l'auroit connu non pas par mon rapport, à quoi j'aurois „ eu mauvaiſe grace, mais par ma retraite „ d'auprès de lui. *Mais peut-on dire*, me répliqua le Roi, *qu'il n'y ait point eu de malverſation dans mes finances?* S'il y en a eu, Sire, „ repartis-je, ce n'eſt pas à M. de Schomberg „ que Vôtre Majeſté s'en doit prendre, mais „ à Elle-même. *Et pourquoi cela*, me dit alors „ le Roi? Parce que, Sire, lui répondis-je, ſi „ Vôtre Majeſté, en établiſſant M. de Schomberg Surintendant des Finances lui eût en „ même tems donné le pouvoir de nommer „ à toutes les charges qui en dépendent, il „ auroit été reſponſable à Vôtre Majeſté des „ perſonnes qu'il y auroit miſes; mais Vôtre „ Majeſté vendant ces charges aux perſonnes „ qui lui en donnent davantage, il n'y entre „ que ceux qui ont le plus de paſſion de s'enrichir. „ Le Roi ne me répondit rien, & je me retirai après m'être acquitté de ce témoignage que je m'étois cru obligé de rendre à la probité de M. de Schomberg.

Quelques jours après, M. de Schomberg qui regardoit le gouvernement d'Angoumois comme le lieu de ſa retraite, & qui avoit négligé durant ſa faveur de donner ordre à munir la citadelle d'Angoulême, écrivit à M. le maréchal de Baſſompierre pour le prier de lui faire avoir de la poudre, des boulets & autres munitions : il m'envoya ſa lettre pour la lui rendre. Il paſſoit dans ce nouveau changement pour avoir beaucoup de crédit, parce qu'il étoit fort uni avec M. de Puiſieux. Je le trouvai qui reconduiſoit des Dames, & ſa maiſon étoit pleine de gens qui lui faiſoient la cour. Ainſi dans la crainte que l'on ne me prît pour être de ce nombre, je lui dis tout haut, en tenant la lettre : „ M. voici une lettre de M. le comte „ de Schomberg qui me ſervira de paſſeport, „ car ſans cela je ne viendrois pas dans un tel „ tems rendre des devoirs à un homme qui eſt „ dans une auſſi grande faveur que vous. „ Il me fit de grandes civilités, me mena dans la ſalle, & après avoir vû la lettre, & promis de ſervir M. de Schomberg, il me dit : « Voici une

„ étrange

„ étrange affaire : car le Roi m'a dit qu'il y „ avoit de quoi faire couper plus de douze têtes. „ Ces paroles qui blessoient de telle sorte l'honneur de M. de Schomberg, me touchérent si sensiblement, que je lui répondis : " Le Roi „ n'a jamais dit, Monsieur, de paroles plus „ véritables ; car pour faire qu'il ait conçu une „ mauvaise opinion d'un homme qui l'a aussi „ fidellement & aussi dignement servi, qu'a „ fait M. de Schomberg, il faut que plus de „ douze personnes lui ayent dit plus de mil- „ le faussetés contre lui ; & il n'y a pas un seul de „ tous ceux-là qui ne méritât qu'on lui coupât la tête. „ Cette réponse le surprit, & sans me rien repliquer, il continua à m'assûrer qu'il feroit ce qu'il pourroit pour servir M. de Schomberg.

M'étant engagé à parler du changement de M. d'Espernon, je ne sçaurois trouver dans ces Mémoires un lieu qui y soit plus propre. M. d'Espernon étant alors revenu à la Cour, quoique dans cet éloignement de M. de Schomberg, je ne fisse aucune visite, je crus que l'affection qu'il m'avoit fait l'honneur de me té-

 moigner,

moigner, m'obligeoit à lui rendre mes devoirs: j'allai le voir. Il y avoit une très-grande quantité de monde, & il ne fit pas presque semblant de me connoître. Quelques jours après, ayant rencontré M. du Plessis sergent de bataille qui étoit un très-honnête gentilhomme, & entiérement attaché à lui depuis long-tems; je lui dis que si j'avois cru que M. d'Espernon m'eût traité de la sorte, je n'aurois pas reçû de lui cette marque de froideur si différente de la maniére dont il me traitoit autrefois. Il me répondit qu'il falloit qu'il ne m'eût pas reconnu dans une si grande presse, & que si je voulois y retourner, il s'assûroit que je serois content de lui. J'y allai, & sçachant qu'il étoit renfermé avec M. d'Herbaut, secretaire d'Etat, je ne demandai point à le voir. Quelques jours après, la gelée étant si grande que tout le monde alloit à pied, allant au Louvre avec un de mes amis, je rencontrai dans la rue saint Thomas du Louvre M. d'Espernon qui en revenoit fort accompagné. Je lui dis que j'avois été pour avoir l'honneur de le voir, mais que je l'avois trouvé empêché. Il me répondit

du

du ton que chacun ſçait qu'il parloit : *M. deſirez-vous quelque ſervice de moi ?* Il n'eut pas plûtôt achevé ces paroles que je lui dis : *M. je ſuis votre très-humble ſerviteur*, mis mon chapeau, paſſai outre, & ne l'ai jamais vû depuis. M. le colonel d'Ornane qui étoit très-ſenſible à tout ce qui me regardoit, lui parla enſuite ſur ce ſujet d'une maniére qui ne pût pas ne lui point faire voir qu'il auroit été plus honnête à lui d'en agir d'une autre ſorte.

J'ai cru devoir rapporter ceci pour faire connoître qu'il y a peu de gens en l'affection deſquels on puiſſe prendre grande confiance. Et il auroit été ſans doute plus digne de la qualité de M. d'Eſpernon, ou de ne me point témoigner tant d'amitié, s'il n'avoit point d'eſtime pour moi ; ou s'il en avoit, de me la continuer, puiſque j'étois le même dans les deux tems auſquels il m'a traité d'une maniére ſi différente ; & que c'étoit une choſe au-deſſous de lui de ne me conſidérer que par un emploi qui me donnoit quelques moyens de le ſervir, ainſi que j'avois fait dans les occaſions qui s'en étoient

étoient presentées, & particuliérement touchant M. le chevalier de la Valette son fils naturel que chacun sçait qu'il aimoit extrêmement : mais si M. d'Espernon s'est conduit ainsi envers moi, M. le cardinal de la Valette son fils en a usé tout au contraire comme la suite le fera voir.

M. de la Vieuville ayant au mois de Fevrier 1624. trouvé moyen de faire éloigner M. le chancelier de Sillery & M. de Puisieux son fils, comme il avoit avant fait éloigner M. de Schomberg, résolut aussi de perdre M. le colonel d'Ornane gouverneur de Monsieur. Ainsi il fit encore que le Roi, après l'avoir ôté d'auprès de Monsieur, sous prétexte qu'il ne lui falloit plus de gouverneur, lui fit commander de se retirer dans son gouvernement du Pont-saint-Esprit.

Pour bien démêler la suite de cette affaire, & la faire mieux entendre à mon égard à cause de la part que j'y ai euë, il faut reprendre les choses de plus haut. Aussi-tôt que M. le colonel d'Ornane entra dans la charge de gouverneur

neur de Monſieur, il me fit connoître particuliérement à Son Alteſſe Royale qui m'a fait l'honneur de me dire depuis que dès le premier moment qu'il m'avoit vû, il m'avoit pris en affection. J'étois fort bien dès-lors avec M. le cardinal de Richelieu, qui étoit entré dans le miniſtere le 30. du mois d'Avril précedent, & il n'eut pas peine à me mettre bien dans l'eſprit de la Reine mere de qui j'avois l'honneur d'être déja connu, & qui avoit honoré mon oncle l'Intendant d'une bienveillance ſi particuliére.

La Reine mere, comme chacun le ſçait, aimoit fort Monſieur. M. le Cardinal étoit bien aiſe de le ſervir; & ainſi comme il ſçavoit que Monſieur affectionnoit beaucoup M. le colonel d'Ornane, il ne put pas ne le point conſidérer, quoique naturellement ils n'euſſent point d'inclination l'un pour l'autre.

Les choſes étants dans cet état, lorſque M. de la Vieuville entreprit de ruiner M. le Colonel, il étoit facile de juger que s'il étoit une fois éloigné, il ne reviendroit jamais à la Cour avec conſidération, parce que l'on mettroit auprès de de Monſieur des perſonnes qui n'oublieroient rien pour tâcher de le lui faire oublier, quand même l'abſence ne ſeroit pas ſeule capable de refroidir peu à peu ſon affection. Ces raiſons me firent dire à M. le Colonel que je ne voyois point de différence entre cet éloignement & la ruine entiére de ſa fortune: Mais qu'étant indubitable que le refus d'obéïr ſeroit ſuivi d'une priſon, c'étoit à lui de ſe ſonder lui-même pour voir s'il s'y pourroit réſoudre. Comme il avoit un très-grand cœur, il n'eut point de peine à prendre ce parti; & Madame ſa femme qui n'avoit point alors moins de confiance en moi que lui, & qui avoit de l'eſprit, du courage, & plus d'ambition que je n'en ai jamais vûë en aucune femme, y conſentit auſſi.

Il écrivit enſuite une lettre au Roi pour lui repreſenter les raiſons qui l'empêchoient d'obéïr à ce commandement, & le ſupplier de trouver bon qu'il entrât plûtôt dans la Baſtille pour rendre compte de ſes actions, & juſtifier ſon innocence.

Je fis imprimer cette lettre, dont j'ai encore quelques

quelques exemplaires ; & M. le Colonel demeurant ferme dans sa résolution, & préparé à tout, M. de Boislouët exempt des gardes du corps vint lui dire que le Roi lui commandoit pour la derniére fois de se retirer au Pont-saint-Esprit. M. le Colonel lui ayant répondu qu'il ne le pouvoit pour les raisons qu'il avoit eu l'honneur d'écrire à Sa Majesté. M. de Boislouët lui dit : " Monsieur, j'ai ordre, si vous n'obéïssez, de vous conduire presentement à la „ bastille. „ M. le Colonel demanda aussi-tôt son manteau, & alla avec lui à la bastille avec une fermeté admirable.

Rien ne peut-être plus généreux, que fut en cette occasion toute sa conduite, & particuliérement la maniére dont il parla au Roy dans un fort long discours qu'il eut avec lui en présence de la Reine mere, qui est rapporté mot à mot dans mon journal, aussi-bien que les incroyables témoignages que Monsieur donna de son éxtrême affection pour lui.

La Cour étoit alors à Compiegne, & M. de

de la Vie proposa au Roy de m'envoyer aussi à la Bastille, comme étant, à ce qu'il disoit, cause de sa résistance, & ayant sans doute fait la lettre qu'il avoit écrite à Sa Majesté. M. de Feuquieres en eut avis, il me le manda, & je partis à l'instant pour aller à Pomponne préparer Madame de la Boderie ma belle-mere, & ma femme, à l'execution de cet ordre, & revins aussi-tôt à Paris pour l'y attendre: mais l'injustice de cette proposition parut si grande, qu'elle demeura sans effet.

Je travaillai alors de tout mon pouvoir à entretenir dans l'esprit de Monsieur, qui me faisoit l'honneur d'avoir une entiére confiance en moi, l'affection qu'il avoit pour M. le Colonel, & n'oubliois rien aussi de tout ce qui pouvoit conserver la bonne volonté de la Reine mere, & l'amitié de M. le cardinal de Richelieu.

Lorsque M. de la Vieuville vit que l'affection de Monsieur pour M. le Colonel ne diminuoit point, il fit qu'on le transfera de la Bastille au château de Caën; mais cela ne put empêcher

empêcher que Monſieur, que je voyois continuellement, ne demeurât toûjours auſſi ferme que jamais dans ſon affection pour lui.

Le 12. Août de la même année 1624. la Cour étant à S. Germain, & le Roy ſe dégoûtant alors de M. de la Vieuville, Monſieur lui fit faire ce grand charivari que chacun a ſçu, & qui fut ſuivi de ſa chute. Car il fut dès le lendemain envoyé priſonnier à Amboiſe.

Le Roy dépêcha en même temps vers Monſieur de Schomberg, qui étoit à ſa maiſon de Duretal, pour le faire revenir à la Cour en qualité de Miniſtre, & avec des témoignages d'une très-grande impatience de le revoir. Il envoya auſſi retirer du château de Caën M. le Colonel pour le remettre auprès de Monſieur, & le rétablir dans toutes ſes charges, excepté celle de gouverneur, à cauſe que S. A. R. n'étoit plus en âge d'en avoir. J'allai au-devant de M. de Schomberg, & quand il arriva à S. Germain, le Roy étant chez la Reine dans le château neuf, lorſqu'on

en

en ſortit, je ſentis quelqu'un qui m'embraſſoit au milieu de cette grande foule, & trouvai en me retournant que c'étoit Monſieur qui dans le tranſport de ſa joye du retour de M. le Colonel, m'en donnoit une marque ſi obligeante.

M. le cardinal de Richelieu me prit par la main, me la ſerra, & me dit : *Hé bien ! ſuis-je un homme de parole ?* entendant auſſi par ces mots parler du retour de M. le Colonel.

J'allai enſuite au-devant de lui pour l'informer ſi exactement de l'état de toutes les choſes de la Cour, que ſa priſon ne pût empêcher qu'il n'en connût la ſuite, & qu'il ne ſçût qui étoient ceux qui avoient fait voir, durant ſa diſgrace, qu'ils étoient véritablement de ſes amis, ou n'en étoient pas, afin qu'il pût témoigner ſa reconnoiſſance aux uns, & ne ſe pas confier aux autres.

Il fut reçû à la Cour comme en triomphe, parce qu'on vit les preuves extraordinaires que Monſieur lui avoit données d'une amitié ſi conſtante. On conſidéroit qu'il rentroit glorieuſement

rieusement dans ses charges auprès d'un Prince dont il étoit tant aimé, & que chacun regardoit alors comme l'héritier présomptif de la Couronne; joint que la générosité avec laquelle il avoit préferé la perte de sa liberté à une retraite qui lui auroit ôté l'esperance de se rapprocher de Monsieur, lui avoit acquis une grande réputation.

Il seroit inutile de dire quelle fut ma joye de voir revenir à la Cour M. de Schomberg, & M. d'Ornane d'une maniére si glorieuse : mais quelque temps après, la mort de mon oncle gouverneur du Fort-Louis me donna le déplaisir que l'on peut penser. J'étois venu de S. Germain à Pomponne lorsque la nouvelle en arriva : & M. de Thoyras qui étoit du petit coucher, & l'un de ceux qui avoient le plus de part dans toutes les affaires du Roy, fit si bien sa partie, que Sa Majesté lui donna le régiment de Champagne, & le gouvernement du Fort-Louis. J'en eus avis, & je m'en allai aussi-tôt à S. Germain, où étant arrivé le soir, & voulant parler au Roy, Sa Majesté qui n'eut pas peine à juger de ce qui m'amenoit, me dit : *Il eſt trop tard pour vous parler : mais j'irai demain matin à la chaſſe ; trouvez-vous à cinq heures à mon lever.* Je m'y rendis, & le ſuppliai de donner les Charges de mon oncle à M. de Feuquieres, qui avoit épouſé une de ſes niéces, & que je lui propoſois comme l'un de tous ceux qu'il pouvoit choiſir des plus capables de le bien ſervir. Il me répondit : *Je les ai données à M. de Thoyras.* « Vôtre Majeſté, lui repliquai-je, » voudroit-elle bien, après les ſervices que » mon oncle lui a rendus, préférer pour lui » ſuccéder une perſonne qui lui étoit étran- » gére, à un de ſes proches ſi capable de le » ſervir ? » *Je ne ſçaurois*, répondit le Roy, *changer la réſolution que j'ai priſe, parce que c'eſt une choſe faite : mais je vous ferai donner dix mille écus.* « Dix mille écus, Sire, » il en faudroit plus de ſoixante & dix pour » payer ce que mon oncle a employé de ſon » bien en ſa charge & au Fort-Louis au ſer- » vice de Vôtre Majeſté : mais je ne demande

» point

» point d'argent, Sire; je suis d'une race ac-
» coutumée à préférer le service de Vôtre Ma-
» jesté à tout intérêt. Je vous demande seu-
» lement de donner ces charges à l'un des
» plus braves Gentilshommes de vôtre Royau-
» me, & qui peut aussi dignement vous y
» servir. „ Le Roy me répondant toûjours qu'il étoit engagé, je me sentis percé d'une si vive douleur, de voir tant de si grands services si mal reconnus, que je lui dis: » Je
» vois bien, Sire, d'où vient nôtre malheur,
» c'est que mon oncle est né vôtre sujet: car
» s'il étoit né sujet du Roy d'Espagne, & que
» l'ayant servi comme il a servi Vôtre Ma-
» jesté, il fût mort sans héritiers, on en au-
» roit supposé, Sire, plûtôt que de laisser de
» tels services sans récompense. „ Je me retirai ensuite, sans que le Roy me répondit rien: mais deux heures après M. de Schomberg me dît que le Roi venoit de lui dire tout ce que je viens de rapporter, & avoit ajoûté que jamais personne ne lui avoit parlé de la sorte. Il faut néanmoins que Sa Majesté m'ait fait

la juſtice dans ſon cœur de ne me pas trop condamner, puiſqu'elle ne m'a jamais témoigné depuis le moindre refroidiſſement, & que connoiſſant ma fidélité & mon zéle, ma liberté à lui parler quelque grande qu'elle ait été, ne lui a pas ſans doute été fort déſagréable. Pour en donner une preuve, je crois qu'il ne ſera pas mal-à-propos de rapporter ici une autre choſe auſſi libre que je dis à Sa Majeſté, quoique ce ne fût qu'un an après.

M'étant venu en l'eſprit de lui parler ſur quatre ſujets très-importans, dont celui des duels étoit un; je lui demandai durant ſon dîner s'il auroit agréable de me donner audience? Il me répondit: *Oui, dès que j'aurai dîné*. Dès qu'il fut levé de table, il me mena à la fenêtre de ſon cabinet des oiſeaux, qui regarde ſur la riviere: où étant ſeul avec lui, je lui parlai à loiſir de ces quatre affaires, dont je rapporterai ſeulement ici ce qui regarde les Duels, à cauſe que ce fut ſur le ſujet de celle-là, que pour le porter à ſe réſoudre abſolument à remédier à un ſi grand mal, je lui dis

cette

cette parole ſi hardie, qui fut qu'après lui avoir repreſenté tout ce que je croyois plus capable de faire impreſſion ſur ſon eſprit; je finis en lui diſant: « Pardonnez-moi, Sire, „ ſi j'oſe ajoûter que le Roy vôtre pere, ce „ grand Prince, ayant permis que le ſang de „ ſa Nobleſſe ait été répandu par les duels, „ Dieu a permis que le ſien l'a été ". Ces paroles le touchérent extrêmement, & il me dit: *Mais tels & tels*, qu'il me nomma, *s'étant battus il y a quelque temps, ne les fis-je pas prendre pour leur faire leur procès?* " Ouï, „ Sire, lui répondis-je. Et qu'en arriva-t-il? „ Tout vôtre Parlement en corps vint alors „ vous faire des remerciemens de cette action „ de juſtice. Et Vôtre Majeſté peut juger par- „ là quelle gloire ce lui ſera devant Dieu & „ devant les hommes, ſi elle demeure infléxi- „ ble dans la réſolution de s'acquitter de ce „ qu'elle doit à Dieu, à ſon Royaume, & à „ elle-même, pour exterminer un monſtre tel „ que celui des duels „. Sur la fin de cet entretien, qui fut fort long, le Roy eut la bonté

 de

de me dire : *Toutes les fois que vous voudrez me parler, je vous donnerai tant d'audience que vous voudrez.*

Ce que je viens de rapporter ne fait-il pas voir combien ceux qui n'approchent des Princes que pour les flatter ſont coupables, & combien eux-mêmes ſont à plaindre de ce que l'on ne leur dit point la vérité, puiſqu'ils pourroient, s'ils l'a connoiſſoient, faire tant de bien qu'ils ne font pas, & empêcher tant de maux qui ſe ſont, manque d'employer leur autorité pour les réprimer ? Mais faut-il s'étonner que cet amour pour le bien public qui a élevé les Monarchies à la grandeur où on les voit, étant mort aujourd'hui preſqu'en tous les hommes, chacun ne penſe à la Cour qu'à ſon intérêt & à ſa fortune ?

Voilà de quelle ſorte nous perdîmes avec les charges de mon oncle, & le bien qu'il avoit depenſé dans ſon emploi ſi important, & la récompenſe que nous devions avec raiſon attendre de ſes ſervices. Mais au moins ne ſçauroit-on ravir à nôtre famille l'honneur d'avoir porté un homme à qui on peut dire ſans flatterie, que

que la gloire est dûë d'avoir mis le Fort - Louis en un état sans lequel on n'auroit osé former le dessein de prendre la Rochelle, tant il auroit paru impossible d'y réüssir ; & que nôtre nom vivra, malgré l'envie, dans l'histoire, autant que le souvenir de cette place si redoutable qu'elle pouvoit passer pour une République qui avoit secoüé le joug de la Monarchie.

Pour bien faire comprendre la suite de ce qui me regarde, je suis obligé de dire dans quelle assiéte d'esprit étoient pour moi le Roy, & la Reine sa mere, Monsieur, M. le cardinal de Richelieu, & M. le colonel d'Ornane. Le Roi me considéroit toûjours comme un serviteur fidelle, qu'il connoissoit dès son enfance; de la probité duquel il étoit assûré, & en qui il pouvoit prendre confiance. La reine Mere n'avoit pas des sentimens moins favorables pour moi. Monsieur me faisoit l'honneur de joindre à cela une inclination si particulére qu'il ne se pouvoit rien ajoûter aux marques continuelles qu'il m'en donnoit, comme la suite le fera voir. M. le cardinal de Richelieu me témoignoit

moignoit tant d'affection, que dans le séjour de la Cour à saint Germain il m'enfermoit quelquefois dans son cabinet lorsqu'il alloit au Conseil, pour des choses qu'il me commandoit d'écrire, & dont il me témoignoit à son retour être plus satisfait que je ne le pouvois desirer. Il me faisoit même diverses fois souper seul dans son cabinet, avec ordre à ses domestiques de dire à qui que ce fût, qu'on ne le pouvoit voir, si ce n'étoit de la part du Roi ou de la Reine. Alors il me parloit de toutes choses jusqu'à ce que le sommeil le prît; & commençoit même à se déshabiller avant que de me permettre d'appeller ses valets de chambre. Et pour le regard de M. le colonel d'Ornane, il seroit inutile d'en rien dire, puisqu'on en peut juger par ce que j'ai rapporté de lui jusqu'ici.

Quant à ce qui étoit de toutes ces personnes dont je viens de parler, il est nécessaire de sçavoir dans quelles dispositions elles étoient entre elles. Le Roi n'étoit pas sans quelque petite jalousie de l'inclination particuliére que chacun remarquoit que la reine Mere avoit pour Monsieur.

Monſieur. La reine Mere de ſon côté vouloit s'aſſûrer de plus en plus de la reconnoiſſance que Monſieur devoit à ſon affection. Monſieur qui etoit encore jeune, ne ſe contraignoit pas aſſez pour plaire au Roi, & pour rendre à la Reine ſa mere tous les ſoins qu'il auroit été à déſirer. M. le Cardinal de Richelieu avoit peine à ſe confier à M. le colonel d'Ornane, & M. le colonel d'Ornane n'en avoit pas moins à ſe fier à lui. Surquoi il ſurvint encore une affaire capable de les diviſer, c'étoit la penſée du mariage de Monſieur avec Mlle de Montpenſier que la reine Mere & M. le Cardinal deſiroient extrêmement, mais pour lequel Monſieur n'avoit point d'inclination, & M. le Colonel encore moins.

Toutes ces perſonnes ſans parler du Roi, avec qui il n'y avoit rien à traiter, convinrent pour s'aſſûrer les uns des autres de me rendre dépoſitaire des promeſſes qu'ils ſe firent de vivre en bonne intelligence; mais telle que quand le Roi l'auroit ſçuë, il auroit dû en être très-ſatisfait. Ainſi je me vis honoré de leur confiance à tous. Dieu ſçait que je n'ai

point

point abusé d'une si grande faveur. Je ne pensois qu'à porter Monsieur à rendre tant de devoirs au Roi & à la Reine sa mere, qu'ils eussent sujet d'être pleinement contens de lui, & à faire que Monsieur aimât véritablement M. le cardinal de Richelieu. Et d'un autre côté, il n'y avoit rien que je ne fisse pour maintenir M. le Cardinal & M. le Colonel dans une sincére union; ce qui n'étoit pas peu difficile, parce que cet éloignement qu'ils avoient l'un pour l'autre, donnoit souvent sujet à des défiances, & particuliérement à M. le Cardinal, auprès duquel il me falloit sans cesse soutenir des assauts pour M. le Colonel. Et une fois entr'autres, lorsqu'il étoit à Coutances, & qu'il s'emportoit sur ce sujet plus qu'à l'ordinaire, je lui parlai avec tant de force, que je le ramenai entiérement; & M. Bouthillier qui en entendit une partie, me dit au sortir de-là: » Il n'y a que vous au monde » qui osât lui dire ce qu'il ne nous est permis » que de penser. » La même chose m'est arrivée en plusieurs autres rençontres, & j'eus d'ailleurs d'ailleurs beaucoup à travailler pour faire connoître à Monſieur, & à M. le Colonel, qu'il n'y avoit point de raiſon qui dût éloigner le mariage de Mademoiſelle de Montpenſier. J'avois pour cela l'avantage d'entretenir Monſieur en particulier, tant que je voulois. Car il y prenoit un tel plaiſir, que durant la plus grande partie de l'hyver de cette année 1624. il s'enfermoit après ſon ſouper dans le cabinet de M. le Colonel, où lui ſeul & moi étions avec lui, & où M. le Colonel me laiſſoit ſouvent ſeul avec S. A. R. Et là elle me retenoit juſqu'à deux heures après minuit, que l'on fermoit les portes du Louvre. Ces entretiens étoient pour la plus grande partie des choſes les plus importantes, dont j'avois eu connoiſſance, & dignes d'être ſçûës d'un Prince que tout le monde regardoit comme pouvant un jour monter ſur le Trône, le Roy n'ayant point encore d'enfans. Et comme j'avois été nourri dans la converſation des perſonnes du ſiécle les plus habiles, & que je n'avois point d'autre intérêt que celui de

ſa

ſa grandeur & de ſa gloire, il ne m'étoit pas difficile de l'informer de pluſieurs choſes qu'il n'auroit pû apprendre que par une longue expérience, & que la diſſimulation & la flaterie qui regnoient dans la Cour des Grands, auroient pû même l'empêcher d'apprendre jamais. Les deſordres que le tems fait inſenſiblement gliſſer dans les Etats, & les remedes qu'on y pouvoit apporter n'y étoient pas oubliés. Et comme j'avois pris ſoin toute ma vie de m'informer des actions & des ſervices des perſonnes les plus conſidérables, & que je connoiſſois très-particuliérement toute la Cour, je l'informois des emplois qu'ils avoient eûs, des occaſions où ils s'étoient ſignalés dans la guerre, de leurs bonnes qualités, & de l'eſtime qu'il devoit faire de leur mérite. Ce qui étoit à proprement parler l'hiſtoire du temps. Il s'y joignoit auſſi des hiſtoires anciennes, & S. A. R. me commandoit même de lui dire des choſes qu'elle prenoit plaiſir d'entendre. Cela ayant encore continué l'année d'après, comme je le dirai en

ſon

ſon lieu, on verra dans la ſuite l'effet que produiſoient de tels entretiens.

L'affection & la confiance dont Monſieur m'honoroit augmentant toûjours, il voulut abſolument me donner une charge dans ſa maiſon, afin de m'attacher entiérement près de ſa perſonne. Ainſi il fit ſupplier le Roy par M. le Colonel d'Ornane, de trouver bon qu'il m'en donnât une d'Intendant général de ſa maiſon ſemblable à celle qu'avoit M. de Villemareüil (Caſtille de) ſur quoi Sa Majeſté fit connoître ſa bonne volonté pour moi. Car ne prenant nul plaiſir à multiplier les charges de la maiſon de Monſieur, elle répondit néanmoins qu'elle vouloit avec joye qu'il approchât de ſa perſonne un auſſi honnête homme que moi, & ordonna en même tems que l'on augmentât de huit mille livres par an le fonds de la dépenſe de la maiſon de Monſieur pour les appointemens attribués à cette charge; & quand j'allai faire au Roi mes très-humbles remercimens, il ne ſe peut rien ajoûter à la bonté avec laquelle il les reçut, &

à la

à la maniére dont il me parla. Lorsque je fis le serment de cette charge entre les mains de Monsieur, il fit paroître tant de joye, qu'il me dit, en me serrant les mains: *C'est maintenant que vous êtes tout-à-fait à moi.* Le lendemain, il partit pour aller à Chantilly, me mena dans son carosse, & me donna dans le voyage plusieurs marques si particuliéres de son affection qui seroient trop longues à raconter, qu'elles produisirent d'étranges effets, comme on le verra dans la suite. Car Madame la marquise de Montlaur (c'étoit le nom que prenoit Madame d'Ornane, avant que le Colonel fût maréchal de France) qui me faisoit autrefois l'honneur de me tant aimer, mais qui étoit, ainsi que je l'ai dit, la plus ambitieuse femme que je vis jamais, & qui prétendoit avoir plus de pouvoir sur l'esprit de Monsieur, que qui que ce fût, sans en excepter même son mari, ne put souffrir de me voir si bien auprès de S. A. R. Cette jalousie fut encore infiniment fomentée & fortifiée par M. le President le Coigneux, Chancelier de Monsieur. Il tra-

vailla

vailla de telle ſorte à gagner ſon eſprit en la flattant dans ſa paſſion, & en lui perſuadant qu'elle devoit empêcher que perſonne n'eût autant de part qu'elle dans la confiance de Monſieur, qu'il la porta juſqu'à témoigner à S. A. R. ſa jalouſie de l'entiére confiance qu'il avoit en M. le Colonel & en moi, & à lui inſinuer en même tems qu'il pouvoit ſe confier au Préſident le Coigneux. Ce qui paroît ſi incroyable, que je ne ſerois pas ſi hardi pour le rapporter, s'il m'étoit permis d'en douter, après que Monſieur lui-même nous le dit à Monſieur le Colonel & à moi à l'entrée de la grande galerie du Louvre, & nous le dit en riant d'un ſi étrange diſcours de Madame la Marquiſe, qui alloit à faire qu'il prît créance en M. le preſident le Coigneux, au préjudice même de M. ſon mari.

D'un autre côté, M. de Chaudebonne qui étoit un très-brave gentilhomme, très-homme d'honneur, extrêmement mon ami, & qui l'a été juſqu'à la mort : mais qui étant ami avant moi de M. le Colonel, ne pouvoit voir ſans peine

peine qu'il n'eût pas toute sa confiance, & si grande part à celle de Monsieur ; à quoi ni M. le Colonel ni moi ne pouvions remédier à cause de l'inviolable secret entre la reine Mere, Monsieur, M. le cardinal de Richelieu, M. le Colonel & moi, auquel nous étions engagés, & dont nous ne pouvions nous dispenser. M. de Chaudebonne, dis-je, non pas par mauvaise volonté pour moi, mais parce qu'il le croyoit juste pour son propre intérêt, entra à mon préjudice dans la confiance de Madame la marquise de Monlaur, & il n'y eut rien qu'elle ne fit pour donner de la jalousie de moi à M. son mari. Comme il m'aimoit extrêmement, il y résista fort long-temps; mais enfin ne pouvant plus tenir ferme contre des instances si continuelles & si pressantes, il alla trouver M. l'abbé de S. Cyran, qui étoit un autre moi-même, & par conséquent fort de ses amis. Après lui avoir protesté que son amitié & sa tendresse pour moi étoient toûjours les mêmes, il lui dit que cette inclination & cette confiance de Monsieur pour moi éclatoient de de telle ſorte, qu'il ſeroit bon que pour empêcher qu'elles ne paruſſent tant, j'évitaſſe une partie des occaſions dans leſquelles Monſieur me les témoignoit. Nul autre n'ayant l'eſprit plus pénétrant que M. de S. Cyran, ni ne connoiſſant mieux celui de M. le Colonel dont il étoit auſſi extrêmement connu, ainſi qu'on le pourra voir dans un Mémoire particulier ſigné de ma main, que j'ai fait il y a longtemps de tout ce qui le regarde, ſçachant auſſi que Son Eminence ne ſe confioit que par moi à M. le Colonel, & n'ignorant pas quelle étoit l'ambition de Madame la Marquiſe & ſa paſſion de gouverner Monſieur, il n'eut pas peine à juger que ce diſcours étoit un effet de la jalouſie. Ainſi il répondit à M. le Colonel que ce qu'il venoit de lui dire, lui faiſoit connoître qu'il falloit néceſſairement qu'il y eût comme un cercle de diverſes perſonnes, dont la derniére étoit toûjours proche de ſon oreille, ſignifiant par ce mot Madame ſa femme, qui s'accordoient enſemble pour lui donner cette penſée de me reculer de la confiance de Monſieur : mais que la connoiſſance qu'il avoit de ma parfaite amitié pour lui, & de ma maniére d'agir, l'obligeoit à lui dire qu'il avoit plus d'intérêt que moi à me conſerver cette entiére confiance de Son Alteſſe Royale.

Le Colonel, ainſi que je l'ai dit, n'agiſſant point en cela par ſon propre mouvement, mais par contrainte, ces paroles le touchérent; & néanmoins étant toûjours combattu par la preſſe que lui faiſoit Madame ſa femme, il ne put s'empêcher de me dire qu'il me prioit d'aller voir M. de S. Cyran touchant quelque choſe qu'il avoit à me communiquer. Comme il ne m'auroit jamais pû venir dans l'eſprit rien de ſemblable, parce que Dieu m'eſt témoin, que je ne me ſervois que pour ſon avantage, & pour ce qui regardoit les intérêts de Son Alteſſe Royale de la confiance dont elle m'honoroit, ſans lui avoir de ma vie demandé choſe quelconque pour moi, je le preſſai en riant de me dire quel étoit ce ſecret dont M. de S. Cyran devoit me parler : mais il s'en défendit toûjours. J'allai voir M. de S. Cyran,

&

& nulles paroles ne peuvent exprimer jusqu'à quel point je fus surpris, & sentis mon cœur blessé de ce que j'appris de lui. A mon retour étant seul avec M. le Colonel dans son cabinet, il me demanda si j'avois vû M. de S. Cyran. „ Oui, Monsieur, lui répondis-je, & „ je voudrois être mort avant de l'avoir vû, „ parce que jusqu'alors notre amitié étoit vier- „ ge, & que ce qu'il m'a dit m'a fait connoître „ que vous l'avez violée „ : Ce furent mes pres paroles, & parce qu'il m'aimoit très-véritablement, & qu'il étoit d'un naturel très-tendre, elles le touchérent de telle sorte qu'elles lui firent répandre quelques larmes. Il voulut me parler pour dissiper à l'heure même ce nuage qui étoit le seul qui eût encore apporté de l'obscurcissement à notre amitié; mais comme la Cour étoit sur le point de partir pour Fontainebleau, où Madame sa femme ne devoit point aller, je le suppliai d'attendre que nous y fussions. Monsieur y alla à cheval, & M. le Colonel & moi dans le carosse de Son Altesse Royale. Nous nous y entretînmes durant le chemin de choſes indifférentes, & il étoit fort triſte. Auſſi-tôt que nous arrivâmes dans le bourg de Fontainebleau, il me dit: " Nous voici à Fontaine„ bleau. Il eſt vrai, Monſieur, lui répondis„ je, mais le temps n'eſt pas propre à s'en„ tretenir. Ce ſera donc, dit-il, demain au „ matin à ſept heures, & je ne ſortirai point „ du lit qu'après que nous aurons parlé tout „ à loiſir, afin que perſonne ne nous inter„ rompe „. Nôtre éclairciſſement ſe fit donc le lendemain, & je ne penſe pas qu'il ſe ſoit jamais vû plus de témoignages d'amitié & de tendreſſe de part & d'autre. Il m'ouvrit ſon cœur, je lui ouvris le mien. Il me témoigna vouloir prendre en moi plus de confiance que jamais. Pour m'en donner des preuves, il affectoit de me laiſſer ſeul des après-dinées entiéres avec Monſieur dans ſon cabinet, où Son Alteſſe Royale aimoit mieux demeurer que dans le ſien, afin de n'être point importunée; & il s'en alloit cependant faire quelques viſites dans le Château, particuliérement

chez

chez M. de Baſſompierre, où étoit le rendez-vous de tout le monde.

Ces entretiens étoient ſemblables à ceux de l'hyver précédent dont j'ai parlé, & Monſieur s'en ſervoit admirablement. Les perſonnes de mérite étoient ravies de voir qu'il ne prenoit pas ſeulement plaiſir à les entretenir, mais leur témoignoit de ſçavoir les bonnes actions qu'ils avoient faites. Les Dames n'étoient pas moins contentes de ſa civilité, & il agiſſoit en toutes choſes avec tant de nobleſſe & tant d'eſprit qu'il gagnoit le cœur de tout le monde. Le bruit s'en répandit de telle ſorte par toute la France que l'on ne parloit d'autre choſe, & il y avoit preſſe à obtenir des charges dans ſa maiſon. Mais en même temps il redoubloit avec tant de ſoin ſes devoirs auprès du Roi pour lui ôter tout ſujet de jalouſie, que la Reine ſa mere, & M. le cardinal de Richelieu ne pouvoient ſe laſſer de témoigner de la ſatisfaction de ſa conduite.

En ce même tems M. de Champigny, Contrôleur général des Finances, & depuis premier Preſident du Parlement, me fit offrir fort obligeamment de ſe défaire entre mes mains de ſa charge de Contrôleur général pour cent mille livres de récompenſe dont le Roi me donneroit un brevet d'aſſûrance. Comme je n'étois pas en état d'entendre à aucune propoſition ſans l'agrément de Monſieur, je lui rendis compte de cette affaire pour ſçavoir ſa volonté. Il me répondit ces mêmes mots : « Si je vous aimois moins que je fais, » ou ſi j'étois moins honnête homme que je » ſuis, vous auriez tort de ne pas accepter cet- » te offre. Mais je ne puis rien approuver qui » vous éloigne d'auprès de moi. » Cette affaire ne put donc réüſſir. Et comme le Roi avoit agréée la propoſition que lui avoit faite M. de Champigny en ma faveur, & ſçû que je ne l'avois pas acceptée, M. de Bouthillier me dit de la part de M. le Cardinal que l'on feroit entrer au lieu de moi dans cette charge telle perſonne que je voudrois. Elle fut donnée ne ma ſeule conſidération à M. Marion Preſident au Grand-Conſeil, mon oncle maternel

nel, quoiqu'il y eût dix-huit prétendans, & il l'a possédée jusqu'à sa mort.

Plus les choses alloient en avant, plus M. le Cardinal témoignoit être satisfait de moi. Et peut-être ne sera-t-il pas mal-à-propos de rapporter sur cela les paroles qu'il me dit un jour. M. le cardinal Barberin étant venu Légat en France en cette année 1625. je faisois toutes les allées & venuës pour régler la maniére dont Monsieur devoit vivre avec lui. Une fois, entr'autres, étant allé trouver M. le cardinal de Richelieu au petit Luxembourg, il me dit ensuite de cet entretien: « M. de » Berulle qui me dit continuellement du bien » de vous, vouloit m'en parler encore ce ma- » tin : mais je lui ai fermé la bouche en lui » disant que cela étoit fort inutile, parce que » je vous connoissois encore mieux qu'il ne » vous connoissoit, & que pour le lui té- » moigner, je lui déclarois que je vous aimois » comme mon ame. Or, ajoûta-t-il, je ne la » veux pas perdre. »

Son Eminence témoignant donc avoir tant

de ſatisfaction de moi, il ſe mit dans l'eſprit de me faire Secretaire d'Etat, & me diſoit ſouvent ſur ce ſujet. « Je me regarde en » cela autant que vous, parce que j'y trouve» rai mon ſoulagement. „ Il en parla à M. Bouthillier, alors Secretaire des commandemens de la reine Mere, qui m'en parla enſuite diverſes fois, en me diſant que M. le Cardinal avoit cela tout-à-fait à cœur, & qu'il trouvoit qu'il avoit raiſon: Qu'ainſi, quoiqu'il fût vrai qu'il ſouhaiteroit fort une telle charge, il conſentoit volontiers que je paſſaſſe devant lui, & qu'après il penſeroit à une autre.

Je ne puis ſur ce ſujet, avant de paſſer outre, ne point dire qu'il ne peut y avoir une amitié plus conſtante & plus obligeante que celle que M. Bouthillier m'a témoignée juſqu'à ſa mort. Quatre jours avant, il me fit écrire par M. de Chavigny ſon fils à Port-Royal des Champs, où j'étois retiré il y avoit déja long-tems: qu'il me prioit de lui donner la conſolation de me pouvoir embraſſer avant de de mourir. Je partis à l'inſtant ; & ſa joye de me voir fut ſi grande,qu'on l'auroit pris pour une guériſon. Je dois rendre cet honneur à ſa mémoire que je n'ai jamais vû d'homme plus égal dans la bonne & dans la mauvaiſe fortune. Il ne s'élevoit point dans l'une, & ne s'abbatoit point dans l'autre. Je n'ai remarquai en lui aucune baſſeſſe,& il avoit naturellement beaucoup d'amour pour la juſtice. Madame ſa femme m'a toûjours auſſi fait l'honneur de me témoigner, & me témoigne encore la même affection.

Voilà de quelle ſorte tout m'étoit favorable dans le voyage de Fontainebleau de 1625. durant lequel M.de Schomberg fut le 17. Juin fait maréchal de France. Mais après le retour de la Cour à Paris, Madame de Montlaur, qui,comme je l'ai dit, n'avoit point été à Fontainebleau, recommença ſes batteries pour m'éloigner de la confiance de Monſieur, & de celle de M. ſon mari, dont elle aigrit l'eſprit contre M. le Cardinal, ſur ce qu'il différoit trop à lui procurer la charge de maréchal de France qu'il lui avoit fait eſpérer par moi. Ainſi M. le Colonel ne pouvant plus réſiſter à cette tentation domeſtique, fortifiée par M. de Chaudebonne, qui bien que mon ami, comme je l'ai dit, deſiroit d'avoir part à la confiance de Monſieur; & M. le préſident le Coigneux faiſant joüer toutes ſortes de reſſorts pour venir à ſes fins; il changea tout d'un coup de conduite à mon égard. Il ceſſa, & fit que Monſieur ceſſa auſſi d'avoir confiance en moi. Il ne me parloit plus que de choſes indifférentes, ne prenoit plus ſoin de conſerver l'amitié de M. le Cardinal, & alloit très-ſouvent le ſoir chez la Reine régnante, comme s'il eût pris plaiſir à donner du ſoupçon de lui à M. le Cardinal, pour ſe faire conſidérer davantage d'elle : ce qui étoit au contraire le vrai moyen de ſe perdre, ainſi que la ſuite le fit voir.

Ce changement de Monſieur, & de M. le Colonel pour moi étant ſi viſible que perſonne ne l'ignoroit, mes amis me conſeilloient de profiter de la créance que j'avois dans l'eſprit de

S. A. R.

S. A. R. pour regagner sa confiance. Mais par une générosité qui ne sera peut-être approuvée de guéres de gens, & à laquelle je n'ai nul regret, je ne le voulus point faire, à cause que je ne l'aurois pû sans me plaindre de M. le Colonel, & que je ne pouvois me résoudre d'employer contre lui-même la confiance qu'il m'avoit procurée auprès de Monsieur. Je lui dis seulement en presence de S. A.R. dès qu'il commença d'aller chez la Reine, que je croyois que cela lui pourroit beaucoup nuire, par l'ombrage qu'en prendroit M. le Cardinal. Surquoi ayant voulu s'excuser, Monsieur qui n'étoit pas encore désaccoutumé de me parler confidemment, me dit devant lui : « *Il vous trompe ; car il y va* » *trèssouvent.* » Madame sa femme en étoit si aveuglée, qu'elle en étoit bien-aise, sans considérer combien cela lui pourroit nuire, aussibien que du refroidissement qu'on remarqua dans l'esprit de Monsieur pour le mariage de Mademoiselle de Montpensier.

M. le cardinal de Richelieu, qui comme je

l'ai

l'ai dit,n'avoit pris confiance que par moi : M. le Colonel,ne pouvant ignorer une chose aussi publique qu'étoit celle de son changement envers moi, & par lui de celui de Monsieur, le considéra dès-lors plûtôt comme son ennemi que comme son ami. Mais sçachant quelle étoit mon affection pour M. le Colonel ,il ne m'en témoigna rien, ni ne m'en fit jamas témoigner la moindre chose. Et rien n'étant capable de m'empêcher de servir de tout mon pouvoir M. le Colonel, je continuai avec la même ardeur qu'avant de solliciter M. le Cardinal touchant la charge de maréchal de France, & l'en pressai de telle sorte, qu'enfin il me donna parole qu'il le feroit dans trois jours. Je l'allai dire à Monsieur le Colonel qui en demeura fort surpris, & Madame sa femme aussi, parce qu'ils ne s'y attendoient pas: & cette parole fut suivie de l'effet le 8. janvier 1626.

M. le Cardinal continuant toûjours dans son dessein de me faire Secrétaire d'Etat, il m'avoit donné vers la fin de 1625. toutes les instructions

instructions & les piéces qu'il avoit touchant les affaires étrangéres qui regardoient cette charge, & m'avoit dit de les mettre en tel ordre que je le jugerois le meilleur, & d'y changer & ajoûter ce que je voudrois. En 1626. la Cour étant à Fontainebleau, je lui en portai plusieurs volumes très-bien écrits. Sur quoi il me dit en riant : « Pensez-vous » que je vous en sçache gré? C'est pour vous » même que je vous ai engagé à ce travail, & » non pas pour moi, qui n'en ai plus besoin : » mais n'en avez-vous pas gardé une copie? Oüi, Monsieur, lui répondis-je. Voilà qui est » bien, me repartit-t-il, & je serai fort aise d'a- » voir ceux-ci „ M. de Berulle étant alors à Fontainebleau, & S. E. sçachant combien il m'aimoit, elle lui montra ces recueils, & lui parla du dessein qu'elle avoit de me faire Secretaire d'Etat.

Cependant ces fréquentes visites de M. le maréchal d'Ornane chez la Reine regnante, augmentérent de telle sorte les défiances de M. le Cardinal, qu'il demeura persuadé, comme je me je l'ai ſçû depuis, que c'étoit à deſſein de former une grande cabale de la Reine, de Monſieur, & de quelques Grands : ce que je ne ſçaurois croire qui fût véritable, tant j'ai reconnu en M. le maréchal d'Ornane des ſentimens pour le ſervice du Roi & pour l'Etat dignes du nom qu'il portoit : mais je penſe qu'il y avoit en cela plus de bagatelle & d'amuſement, que de deſſein. Ainſi perſonne ne fut jamais plus ſurpris que je le fus, lorſque le 4. may, dans ce même ſéjour de Fontaine-bleau, étant avec Madame la marquiſe de Senecey, alors dame d'atour de la Reine, auprès de laquelle je lui avois fait rendre des offices qui ne lui avoient pas été inutiles, on vint lui dire que M. le maréchal d'Ornane étoit arrêté. Je courus chez le Roi, & ne pus paſſer plus avant que la ſalle des Gardes, parce que perſonne n'entroit. M. Bouthillier ſortit pour me venir chercher, & me trouva là. Il me dit que le Roy s'étoit crû obligé de faire arrêter M. le maréchal d'Ornane. Que Sa Majeſté n'ignoroit pas que depuis long-temps il n'avoit plus

nulle

nulle confiance en moi, & qu'il m'avoit fait perdre celle de Monſieur; qu'elle deſiroit que j'y rentraſſe, & que je n'avois qu'à dire qui étoient ceux auprès de Monſieur qui n'étoient pas de mes amis, & qui me pouvoient traverſer, & qu'on les éloigneroit à l'heure même. On pourra juger par ma réponſe ſi je ſuis fort violent. Je dis à M. Bouthillier, après lui avoir témoigné mon extrême douleur de la détention de M. le Maréchal, que n'ayant que ſervi dans la maiſon de Monſieur tous ceux que j'avois pû, ni fait de mal à perſonne, je ne croyois pas y avoir des ennemis. Mais les ſuites firent voir qu'il ſuffit d'être bien dans l'eſprit d'un Prince, pour avoir pour ennemis ceux qui prétendent à la même choſe.

En même temps que M. le maréchal d'Ornane fut arrêté chez le Roy, on arrêta auſſi M. de Chaudebonne qui n'y étoit pas. Le premier fut conduit au bois de Vincennes, où il mourut le 4. ſeptembre de la même année, & M. de Chaudebonne fut mené à la Baſtille.

Un peu après que M. Bouthillier m'eut quitté,

quitté, Monſieur ſortit de chez le Roy, où cette nouvelle l'avoit fait aller auſſi-tôt qu'il l'eut appriſe, & me trouvant dans cette ſalle des Gardes, il me mena dans ſon cabinet, ferma la porte, & me parla avec une entiére confiance, & avec des témoignages d'une ſi ſenſible douleur de la détention de M. le Maréchal, qu'encore qu'il fût plus de minuit, il me commanda d'aller trouver à l'heure même M. le Cardinal, pour faire de ſa part auprès de lui toutes les inſtances imaginables en faveur de M. le maréchal d'Ornane;& comme il eſt impoſſible d'être plus touché que je l'étois de ſon malheur, il ne me fut pas difficile de m'acquitter de cette commiſſion avec toute l'affection imaginable. M. le Cardinal me fit la réponſe que l'on peut juger; c'eſt-à-dire, de grands témoignages de reſpect pour Monſieur; qu'il feroit ce qu'il pourroit, & autres paroles générales.

Ayant appris que ceux qui m'avoient vû entrer ſi tard chez M. le Cardinal auſſi-tôt après la détention de M. le maréchal d'Ornane, ſans

ſans ſçavoir que c'étoit Monſieur qui m'y envoyoit, joignant à cela le refroidiſſement que M. le maréchal d'Ornane avoit eu pour moi, s'imaginoient que j'avois ſçû le deſſein de l'arrêter ; & il y en avoit même quelques-uns qui diſoient qu'il y avoit grande apparence que je ne lui avois pas rendu de fort bons offices. J'étouffai ces diſcours, & leur fermai la bouche, en diſant hautement & publiquement que pendant que j'avois été dans l'entiére confiance de M. le maréchal d'Ornane, je répondrois de ma vie qu'il n'avoit point d'autres ſentimens que ceux qu'on pourroit deſirer d'un parfaitement homme de bien, & très-fidelle ſerviteur du Roi : & que ſi depuis cela j'avois dit quelque choſe à ſon deſavantage, il faudroit que je l'euſſe inventé ; puiſqu'il y avoit plus de ſix mois qu'il ne vivoit plus que civilement avec moi, & ne me parloit que de choſes indifférentes.

Cependant M. le preſident le Coigneux ne s'endormoit pas ; ni M. de Puilaurent, pour qui Monſieur avoit témoigné avant avoir quelque inclination, mais qui n'alloit pas jusqu'à le fort considérer avant la détention de M. le maréchal d'Ornane; ni M. du Boisdennemets [Daniel Normand] qui avoit eu fort envie d'avoir un peu de crédit. Ils faisoient, comme je l'ai sçû depuis, tout ce qu'ils pouvoient contre moi, afin de faire croire à Monsieur que j'étois d'intelligence avec M. le Cardinal, & que mon ressentiment d'avoir été éloigné de sa confiance par M. le maréchal d'Ornane, m'avoit porté à lui rendre de mauvais offices. Et en même-temps que M. de Puilaurent, & M. Duboisdennemets agissoient de la sorte, & que je n'aurois eu qu'à dire une parole pour les faire éloigner d'auprès de Monsieur, ils me faisoient faire de très-grandes protestations d'amitié par M. Passard, aumônier de Son Altesse Royale, qui étoit un fort homme de bien & de mes amis. D'un autre côté, Madame la maréchale d'Ornane m'ayant écrit pour me prier de m'employer pour la liberté de M. son mari, & de répondre de ses actions, je lui répondis, comme

il

il étoit très-véritable, que je le ſervirois avec la même paſſion, que s'il y alloit de ma vie; & que je ſouhaiterois que tout le monde fût auſſi perſuadé, que je l'étois, de la ſincérité de ſes actions : mais que j'appréhendois qu'on n'ajoûtât pas autant de foi aux témoignages que j'en rendrois, qu'on auroit fait avant, à cauſe que l'on ſçavoit que depuis quelque temps il ne me confioit plus choſe quelconque. Cette réponſe ſi ſincére & ſi raiſonnable, au lieu de contenter Madame la maréchale d'Ornane, l'anima contre moi. Comme elle ſçavoit en ſa conſcience qu'elle ſeule avoit porté ſon mari à s'éloigner de moi, elle s'imagina ſans doute que j'avois voulu m'en reſſentir; en quoi Dieu, qui voit le fond de mon cœur, ſçait qu'elle m'a fait la plus grande de toutes les injuſtices & la plus inexcuſable, après tant de preuves qu'elle avoit eües de ma parfaite amitié pour ſon mari, de ma paſſion à le ſervir, & de mon entier deſintéreſſement. Ainſi y étant encore pouſſée par ceux qui vouloient prendre ma place dans l'eſprit de

Monſieur, elle me rendit auprès de lui par les perſonnes qui lui étoient confidentes, comme je l'ai ſçû depuis, toutes ſortes de mauvais offices, & particuliérement par M. le preſident le Coigneux, qui avoit de tout temps, ainſi qu'on l'a pû voir par ce que j'ai ci-devant rapporté, travaillé à gagner ſon eſprit, pour ſe mettre bien auprès de Son Alteſſe Royale.

Que ſi Madame la maréchale d'Ornane s'eſt montrée ſi extrêmement injuſte envers moi, M. de Moiſergues, M. d'Ornane grand-maître de la Garderobbe de Monſieur, & M. de Sainte-Croix, freres de M. le maréchal d'Ornane, n'en ont pas uſé de la même ſorte. Ils m'ont fait l'honneur & la juſtice de me témoigner toûjours la même amitié: & nous avons ſouvent mêlé nos larmes enſemble dans une perte auſſi déplorable pour eux & pour moi, que celle d'une perſonne à qui, outre leur proximité, ils avoient toutes les obligations que l'on peut avoir; & moi celle de n'avoir pas été moins aimé de lui, que ſi j'euſſe eu l'honneur ſieur de lui être auſſi proche qu'eux.

Ainſi Madame la maréchale d'Ornane en agiſſant contre moi, agit en effet contre elle-même; puiſque dans le deſir que M. le Cardinal me témoignoit qu'auroit le Roy que je fuſſe mieux que nul autre auprès de Monſieur, afin de le porter à s'attacher entiérement à Sa Majeſté; & dans la ſatisfaction que j'aurois eu ſujet d'eſpérer que Dieu m'auroit fait la grace de donner de moi à l'un & à l'autre par la fidélité avec laquelle je les aurois ſervis, il n'y auroit rien que je ne me fuſſe efforcé de faire auprès de Sa Majeſté & de M. le Cardinal, pour ſervir M. le maréchal d'Ornane que j'ai toûjours conſtamment aimé, & que j'aimerai juſqu'à la mort de toute la plénitude de mon cœur, dans la certitude que j'ai qu'il m'a aimé de la même ſorte; & que jamais violence n'a été plus forte, que celle que l'on a faite ſur ſon eſprit, pour l'empêcher malgré lui de me donner ſon entiére confiance.

A cette conjuration domeſtique, formée contre moi auprès de Monſieur, il s'en joignit une étrangére. Car M. le comte de Soiſſons,& M. le Grand-Prieur, frere de M. de Vendôme, qui étoit bien avec Monſieur,employérent auſſi tous leurs efforts pour le porter à m'éloigner. Je ne ſçaurois le mieux ſçavoir. Voici comme je l'ai appris. M. le Grand-Prieur ayant l'année ſuivante été mis au bois de Vincennes, il manda au Roy durant ſa priſon, que s'il lui plaiſoit de lui envoyer quelque perſonne de confiance, il l'informeroit ſincérement de ſes actions.

Le Roi lui envoya M. le marquis de Foſſé, qui étant extrêmement mon ami, me dit que M. le Grand-Prieur l'avoit prié de proteſter à Sa Majeſté en ſon nom, qu'il n'avoit jamais eu aucune mauvaiſe intention contre ſon ſervice : mais qu'il étoit vrai que dans le deſir d'être bien avec Monſieur, il n'y avoit rien que lui & d'autres n'euſſent fait pour le porter à m'éloigner, à cauſe qu'il étoit impoſſible de me gagner. M. de Foſſé ajoûta, qu'ayant trouvé à ſon retour du bois de Vincennes, le Roi auprès de la Reine ſa mere, il leur avoit rapporté cela à tous deux.

Il

Il faut revenir maintenant à la ſuite que cet incident m'a fait interrompre. J'étois ſi bien durant les premiers jours auprès de Monſieur, qu'il demanda au Roy, & obtint de lui pour les pérſonnes que je lui propoſai ſans nul intérêt des charges fort conſidérables, & je ne penſois qu'à travailler à le ſervir & à lui acquérir des ſerviteurs : mais pendant que j'agiſſois ainſi, les perſonnes dont j'ai parlé agiſſoient ſans ceſſe contre moi, comme je l'ai appris depuis, & diſoient entr'autres choſes, que j'avois des entretiens ſecrets avec le Roy dans un lieu du château qu'ils lui marquoient, & où je ne fus de ma vie, & que je me trouvois les ſoirs ſur le minuit dans la cour du Cheval blanc avec diverſes perſonnes ; ce qui étoit auſſi faux, que le reſte,

Quelques jours ſe paſſérent de la ſorte, & M. le Cardinal étant allé à Limours, tous ceux qui s'accordoient contre moi prirent ce tems pour redoubler leurs inſtances auprès de Monſieur, afin de le porter à m'éloigner ; & quelque peine qu'il eût à s'y réſoudre, ils le preſſérent tant, qu'enfin il leur promit. Il ne l'exécuta pas néanmoins : mais différoit toûjours, juſqu'à ce que vaincu par leurs importunités, il s'y réſolut.

Ainſi étant allé un matin chez la Reine ſa mere, & ne l'ayant pas trouvé éveillée, il paſſa dans la grande galerie du cheval blanc, & il n'y eut que M. d'Oüailly capitaine de ſes Gardes, M. Goulas Secretaire de ſes commandemens, & moi qui le ſuivîmes. Il mena M. d'Oüailly à une fenêtre de cette galerie, & lui parla aſſez long-temps. Après être retourné chez la Reine ſa mere, il s'en alla chez la Reine régnante, & je m'arrêtai quelque temps dans la chambre de la reine Mere à parler à Madame la ducheſſe d'Aiguillon, qui m'a toûjours honoré d'une amitié & d'une confiance égale dans tous les temps, & à qui j'ai des obligations ſi particuliéres que je ne ſçaurois trop les reconnoître.

L'heure du dîner approchant, comme je m'en allois à la Conciergerie, où Madame Zamet, à qui le Roi en avoit conſervé la capitainerie

tainerie avoit toûjours voulu me loger, je rencontrai Monsieur qui sortoit de chez la Reine avec un visage extrêmement triste, & il m'ôta son chapeau si bas que j'en fus étonné. En arrivant à la Conciergerie, je trouvai M. d'Oüailly qui m'y attendoit ; il me dit que c'étoit avec un très-grand regret qu'il m'apportoit un ordre de Monsieur, de me retirer ce jour-là, & de m'en aller à Paris. Je lui répondis ces mêmes mots : « J'avouë, M. que ce comman-
» dement me surprend extrêmement, parce
» qu'ayant servi Monsieur avec autant de pas-
» sion & de fidélité que j'ai fait, & un tel de-
» sintéressement, qu'il sçait que je ne lui ai
» de ma vie rien demandé pour moi, je n'au-
» rois jamais pu m'imaginer qu'il voulût m'é-
» loigner d'auprès de lui. Mais M. vous êtes
» homme bon, & homme d'honneur, & cela
» me fait vous supplier de me promettre de
» lui dire, que je prie Dieu qu'il ne lui arrive
» pas souvent des choses aussi préjudiciables à
» son service, qu'est celle d'éloigner un aussi
» homme de bien que je suis ». Je vous le promets,

promets, me répondit M. d'Oüailly, extrêmement touché & ayant presque les larmes aux yeux; & comme c'étoit un très-brave gentilhomme, & très-homme d'honneur, il s'aquitta de sa promesse, ainsi que je l'ai sçû longtems après de la bouche de Monsieur, qui me le dit dans un grand entretien que j'eus seul avec lui à S. Germain le lendemain de la naissance du Roy, dans lequel il parut bien qu'il a toûjours conservé dans son cœur de l'affection pour moi; car il me dit ces mêmes paroles: *Ne m'aimerez-vous donc plus à cette heure, qu'il y a un Dauphin en France?* On peut juger ce que je lui répondis; & ayant pris ensuite la liberté de lui demander comment il avoit pû se résoudre à m'éloigner; il me dit: c'est que j'étois encore bien jeune. Surquoi je pense avoir sujet de croire que jamais personne n'a eu tant de pouvoir sur son esprit, que j'y en ai eu; puisqu'il n'est pas étrange que ceux qui flattent les Princes, & entrent dans toutes leurs passions ayent du crédit auprès d'eux: mais de leur être agréable, & d'avoir

voir toute leur confiance, lorſque l'on combat leurs mauvaiſes inclinations, & qu'on les porte à ſe faire violence pour embraſſer la vertu dans un ſiécle auſſi corrompu qu'eſt le nôtre, & faire qu'enfin ils y prennent plaiſir ; c'eſt ce me ſemble ce que l'on peut appeller, avoir quelque pouvoir ſur leur eſprit ; & c'eſt l'état où je me ſuis trouvé avec Monſieur, qui étoit l'un des Princes du monde qui avoit le plus beſoin d'avoir des gens de bien auprès de lui ; parce qu'étant bon & facile, il ſe portoit aiſément du côté où ceux en qui il avoit confiance le portoient. Et ceux qui abuſoient de l'honneur de ſes bonnes graces étoient d'autant plus coupables que, comme je le lui ai dit à lui-même, il faiſoit le bien avec joye.

Quelques-uns m'ont dit que dès le jour même qu'il m'eut envoyé l'ordre de me retirer, il y eut regret, & que ſi je ne fuſſe parti que le lendemain, il m'auroit rappellé auprès de lui : mais je ne ſuis point aſſûré de cela, comme du reſte. Le Roy témoigna être fort mal ſatisfait de cette action de Monſieur, &

la

la reine Mere en fut si mécontente, qu'elle me fit l'honneur de dire plusieurs fois toute en colére ces propres paroles : *Pourquoi pensez-vous qu'il ait éloigné un tel? C'est parce qu'il est de mes amis.*

M. le maréchal de Brezé m'a dit que Sa Majesté l'avoit envoyé en très-grande diligence à Limours donner avis à M. le Cardinal de ce qui s'étoit passé, & qu'il lui avoit témoigné d'en être extrêmement touché, & résolu de travailler de tout son pouvoir à mon rétablissement. Son Eminence me fit ensuite donner les mêmes assûrances, sans que je l'en aye de ma vie importuné : mais les belles promesses que lui fit M. le president le Coigneux de ne vouloir dépendre que de lui auprès de Monsieur, le mariage de Son Altesse Royale avec Mademoiselle de Montpensier, le voyage de Bretagne, l'affaire de M. de Chalais, & tant d'autres choses qui arrivérent ensuite l'empêchérent de donner son application à ce qui me regardoit.

Les effets ont fait voir que ce que j'avois prié

prié M. d'Oüailly de dire à Monsieur, & qu'il lui dit, n'étoit que trop véritable ; puisque s'il eût continué à m'honorer de sa confiance, je ne m'en serois servi que pour l'exhorter à vivre dans une telle union avec le Roi & la Reine mere, qu'il y a sujet de croire qu'il ne seroit point tombé dans les malheurs qui lui sont arrivés, qui l'ont éloigné durant tant d'années, non-seulement de la Cour, mais de la France, & qui lui donnérent enfin le déplaisir dans cette funeste journée de Castelnaudary d'être cause de la mort d'un Prince aussi bien fait qu'étoit M. le comte de Moret, & de la prison & de la mort de M. de Montmorency, dont toute la France a pleuré la perte.

Comme ce dernier m'honoroit d'une affection très-particuliére, comment pourois-je ne point rapporter sur son sujet la derniére preuve qu'il m'en a donnée ; puisqu'elle est si avant gravée dans mon cœur, qu'elle ne sçauroit s'effacer de ma mémoire. Monsieur le maréchal de Brezé l'ayant conduit à Lectoure, où il demeura pendant quelque temps avant qu'on le menât

menât à Toulouse pour lui faire son procès; & M. Arnauld mon cousin mestre de camp général des Carabins de France, & mon jeune frere qui étoit son lieutenant l'y ayant accompagné avec les compagnies qu'ils commandoient, après qu'ils eurent comme les autres pris congé de M. de Montmorency, il les renvoya querir, & leur dit: " Je vous prie „ d'écrire à M. d'Andilly que si je le pouvois „ aimer plus que je l'aime, je le ferois; mais „ cela est impossible. Je le prie de n'être point „ en peine de moi, parce que j'espere qu'en „ cette occasion Dieu me fera la grace de „ m'assister de telle sorte, que je ne ferai rien „ d'indigne de son amitié. „

Les guerres que le Roi fit ensuite, tant pour se rendre maître de la Rochelle, que pour achever d'abattre le parti Huguenot & contre M. de Savoye, tinrent durant plusieurs années la Cour presque toûjours hors de Paris; & lorsqu'elle y revenoit, il fut facile à M. de Richelieu dans un aussi grand accablement d'affaires qu'étoit le sien, d'oublier un homme comme moi qui ne s'aidoit point pour le faire souvenir

ſouvenir de lui. Ainſi il ne faut pas s'étonner ſi S. E. ne penſa ſérieuſement à moi, que lorſqu'elle crut que je pouvois ſervir utilement dans une occaſion qu'elle avoit extrêmement à cœur. Et voici de quelle ſorte cela arriva.

En 1634. le Roy fit avancer vers le Rhin ſes principales forces commandées par M. le maréchal de la Force, & réſolut d'envoïer M. le maréchal de Brezé pour les commander conjointement avec lui. J'étois alors à Pomponne, où je paſſois avec ma famille & avec mes livres une partie de l'année dans une grande tranquillité d'eſprit. Et ce fût là que je reçus une lettre de M. Servien, écrite de ſa main, ce qu'il faiſoit rarement à cauſe de l'incommodité de ſon œil, par laquelle il me mandoit que le Roy m'avoit choiſi pour m'envoyer Intendant dans cette armée, & qu'encore que ce ne fût pas un emploi tel que je le pouvois eſperer, je devois compter pour beaucoup de ce qu'on m'envoïoit chercher dans ma maiſon, comme autrefois les Dictateurs

teurs à la charruë, & qu'il avoit ordre de me mander de venir très-promptement. J'allai à Paris, & le trouvai chez M. le Cardinal ; & sur ce qu'après qu'il m'eût parlé, je lui répondis que je ne voïois pas que cet emploi me fût fort avantageux, parce qu'après qu'il seroit fini, je me trouverois au même état qu'avant, & qu'ainsi je serois bien aise de m'excuser. Il me dit que je m'en gardasse bien ; puisque si je le refusois, on n'oseroit seulement me nommer à M. le Cardinal, tant il s'en tiendroit offensé, parce que cette armée étant la plus belle que le Roi eut jamais euë, il avoit tant de passion de m'y envoïer, & avoit parlé de moi au Roi d'une maniére si avantageuse, que son carrosse étoit dans la cour de S. E. pour aller dire à S. M. à Versailles comme une chose qu'il sçavoit qu'il lui seroit fort agréable, que j'étois arrivé, & que je ferois toute la diligence qu'il se pouroit pour partir bientôt.

Le P. Joseph, dont chacun sçait quel étoit le credit auprès de M. le Cardinal, vint sur cela, & me dit les mêmes choses que M. Ser-

vien,

vien, pour me faire connoître qu'il n'y avoit pas lieu de délibérer. Ainsi j'entrai dans la chambre de M. le Cardinal qui me parla de la maniére du monde la plus obligeante, & me dit entre autres choses : " Qu'il me prioit de „ bien vivre avec M. le maréchal de Brezé, „ & qu'il lui recommanderoit d'en user de „ même à mon égard. „ J'allai ensuite trouver le Roi à S. Germain, & S. M. me dit ensuite que c'étoit avec joie qu'elle me donnoit cet emploi dans une armée qui lui étoit si considérable, parce qu'elle étoit assûrée que je l'y servirois utilement. Je pris aussi congé de la Reine qui deslors me faisoit l'honneur de me témoigner beaucoup d'affection.

Dans le mémoire en forme d'instruction que je dressai pour moi-même, & que Messieurs de Bullion & Bouthillier surintendans des Finances signérent, il y avoit un article qui me donnoit pouvoir de disposer de 10000. liv. par mois pour les dépenses que je jugerois nécessaires, sans être obligé d'en donner aucune connoissance à Messieurs les Généraux.

Ce que je ne sçais point avoir été accordé à aucun autre Intendant des armées du Roi. Rien n'est néanmoins plus utile pour le service, lorsque l'on en use comme l'on doit, n'étant pas croïable combien de petites sommes emploïées à propos produisent des effets excellens, ainsi que la suite le fera voir ; parce que les armées sont comme ces grands corps dont de petites machines, qui ne paroissent rien, facilitent extrêmement le mouvement en plusieurs rencontres.

Je partis le 2. Novembre de cette année 1634. & arrivai à Châlons-sur-Marne, qui est l'une des villes de France où il se trouve le plus de bled ; j'y demeurai un jour pour y faire marché, sous le bon plaisir de Messieurs les Surintendans, de quantité de bled & du prix des voitures. Je pris ensuite un septier de bled, le fis moudre, paîtrir, cuire, & peser devant moi le nombre des rations qu'il rendit, & envoïai un mémoire très-particulier à Messieurs les Surintendans, dans lequel je faisois voir que l'on pouvoit par le moïen de ces achats & de de ce ménage gagner deux cens mille écus au profit du Roi, sur le prix que l'on donnoit aux Munitionaires pour le pain de munition. Sur quoi, bien que Monsieur de Bullion ne m'aimât point, il ne put s'empêcher de m'écrire que l'on ne pouvoit trop me louër d'avoir même en chemin faisant travaillé avec tant de soin pour cette affaire. Cela ne s'exécuta pas néanmoins, & je veux croire qu'il y eût de bonnes raisons qui l'empêchérent.

Je joignis M. le maréchal de Brezé à Nancy, & l'accompagnai le lendemain à Luneville. Il avoit beaucoup d'esprit, & même extrêmement d'acquis, écrivoit bien, faisoit une grande distinction des personnes, traitant aussi civilement ceux qu'il estimoit, que fiérement ceux qu'il n'estimoit point, ne s'accommodoit pas de tout le monde, étoit bon ami & fort dangereux ennemi. Quoique je fusse trop de la Cour pour ne l'avoir pas vû & parlé à lui diverses fois, je n'avois pas néanmoins d'habitude particuliére avec lui, & l'on avoit voulu me faire peur de son humeur; de même que ce que je vais dire fera voir qu'on avoit voulu lui faire appréhender la mienne. Etant donc à Luneville, lorſqu'après ſouper il eut donne le bon ſoir à tout le monde, il me retint ſeul dans ſa chambre, & me dit ces mêmes paroles : « Pluſieurs perſonnes m'ont „ voulu faire appréhender votre humeur : & „ quelques-uns même ont paſſé juſqu'à me „ dire que j'aurois mieux fait de refuſer l'em- „ ploi dont le Roi m'a honoré, que de l'ac- „ cepter dans le même temps qu'il vous a „ donné l'Intendance de cette armée, parce „ que vous voudriez y agir avec tant d'auto- „ rité, que je ne pourrois en recevoir que du „ mécontentement. Je leur ai répondu que „ j'avois peine à concevoir cette opinion de „ vous, & que je ne l'avois pas ſi mauvaiſe „ de moi, que de me croire aſſez foible pour „ ſouffrir que l'on entreprît quelque choſe „ dont j'euſſe ſujet de me plaindre. Mais ce „ que j'ai maintenant à vous dire, M. c'eſt „ que j'ai de grands avantages ſur vous, & „ que vous en avez de grands ſur moi. Ceux „ que j'ai ſur vous ſont que je ſuis maréchal de

„ de France, général d'armée, & beau frere „ de M. le Cardinal. Et ceux que vous avez „ ſur moi ſont. „ (Je ne puis achever ceci, parce que ce ſont des loüanges que je ne mérite point, & dont je ne ſçaurois me ſouvenir ſans rougir.) " Oubliez, je vous prie, tous ces „ avantages que vous avez ſur moi, comme „ je veux oublier tous ceux que j'ai ſur vous, „ & vivons dans une entiére intelligence & „ une parfaite amitié? „ Il ſeroit inutile de rapporter ici quelle fut ma réponſe à un diſcours ſi obligeant, & il me ſuffit de dire que M. le maréchal de Brezé m'a témoigné depuis ce jour juſqu'à ſa mort une ſi extrême confiance & une ſi grande amitié, que tous ceux qui l'ont connu plus particuliérement ſçavent qu'il n'en a jamais tant fait paroître pour perſonne, ſans que durant tout le long-temps que cette affection a duré, elle ait jamais été obſcurcie du moindre nuage; & entre ce grand nombre de lettres que j'ai reçuës de lui également belles & obligeantes, il y en a ſur un ſujet fort important, par leſquelles il me marque avoir éprouvé en cette occaſion, que j'avois plus de pouvoir ſur lui, qu'il n'en avoit lui-même, & l'une de ces lettres commence par ce vers du Taſſe.

A tanto interceſſor nulla.

J'arrivai avec lui à l'armée qui étoit de dix-neuf mille hommes de pié, & de cinq mille chevaux effectifs, des plus belles troupes qui ſe ſoient jamais vûës en France, parce que tous les vieux Régimens faiſoient partie de l'Infanterie, & que la Cavalerie outre les vieilles troupes entretenuës, étoit compoſée de compagnies de cent hommes chacune, commandées par des perſonnes de grande qualité, qui ont depuis rempli les principales charges, & qui s'efforçoient à l'envi de rendre leurs compagnies très-belles.

Comme c'étoit ſur la fin de l'année, je trouvai qu'il n'y avoit plus de fonds pour le pain de munition néceſſaire à la ſubſiſtance de l'Infanterie. Mais ces Meſſieurs qui commandoient la cavalerie, que je connoiſſois preſque tous fort particuliérement, & qui témoignoient

gnoient de la joye de mon arrivée, me presentérent sur ma simple parole quarante mille livres pour cette dépense, & m'en offrirent encore davantage, en attendant l'arrivée de la voiture.

Ce Memoire n'étant que pour rapporter ce qui me regarde en particulier, je me contenterai seulement de toucher en peu de mots ce que fit cette armée. Elle s'avança sur le bord du Rhin, au-delà de Manheim, que le grand Gustave roy de Suede avoit fait fortifier à l'embouchure où le Nekre entre dans le Rhin ; & comme Philisbourg en étoit proche, ce fut alors que je pris le temps d'y aller.

M. de Gassion, depuis maréchal de France, qui servoit en Allemagne, étant venu donner avis à Messieurs les Généraux qu'Heidelberg, qui est la capitale du Palatinat, & assise sur le Nekre, étoit sur le point d'être prise par les troupes de l'Empereur, si on ne la secouroit promptement, on résolut de passer le Rhin pour conserver cette place à l'un des

Alliés de la France. Ainsi après avoir fait un pont de bateaux vis-à-vis de Manheim, l'armée s'y rendit de tous les quartiers qui en étoient assez éloignés, passa le Rhin; & le même jour qui étoit le 22. Decembre, & par consequent le plus court de l'année, elle marcha jusqu'à Heidelberg, qui en est éloigné de quatre ou cinq lieuës de France; & les Imperiaux n'ayant osé l'attendre, levérent le siége. Messieurs les Généraux me laissérent à Manheim, pour donner ordre à beaucoup de choses; & j'avois au chevet de mon lit les drapeaux de tous les vieux regimens qui les avoient laissés, à l'exception d'un seul pour chacun.

L'armée passa ensuite le Nekre pour prendre des quartiers dans le Bergtrats, & M. le duc de Weimar & M. le grand chancelier Oxesliern se rendirent à Besheim, pour conférer avec Messieurs les maréchaux de France sur ce qu'il y avoit à faire; & j'assistois à tous ces conseils.

Après leur séparation, étant venu nouvelle

que

que les ennemis s'avançoient à Aſchaffembourg, qui eſt au-deſſus de Francfort ſur le Mein, M. le duc de Weimar demanda d'être fortifié de cinq regimens de notre infanterie pour aller vers eux. On les lui donna, & nos Généraux pour s'approcher plus près de lui, allerent dans le Darmſtat, & logérent dans le palais du Lantgrave, qui n'y étoit point, & dont ils n'étoient pas ſatisfaits. Ce fut-là qu'ils eurent avis de la priſe de Philiſbourg, qui me donna tant de ſujet de me plaindre de M. le marquis de la Force, que je ne voulus point l'année ſuivante ſervir auprès de lui, comme on le verra dans la ſuite, parce que l'ayant avant preſſé diverſes fois d'envoyer des troupes à Philiſbourg pour renforcer la garniſon que la peſte avoit réduite en l'état que j'ai dit ailleurs, il avoit toûjours différé, & n'y avoit envoyé que cinq compagnies, qui n'arrivérent qu'après la priſe de la place.

Il faut revenir maintenant à ce qui regarde ma charge. Comme j'étois perſuadé que le plus grand ſervice que je pouvois rendre, étoit

de

de travailler de tout mon pouvoir à la ſubſiſtance de l'armée ; j'avois, dès que j'y fus arrivé, commencé & continué toûjours depuis à mettre un prix à toutes choſes que je faiſois obſerver à toute rigueur, & pris un ſoin très-particulier de l'hôpital ; ce qui fut d'autant plus utile, qu'un hyver auſſi extraordinaire que fut celui-là, joint aux maladies ordinaires dans les armées, fit qu'il alla ſucceſſivement plus de ſix mille ſoldats à l'hôpital, où ils furent traités avec tant de ſoin, qu'il n'en mourut preſque point.

Il n'eſt pas croyable quelle affection pour le ſervice cela donna aux Soldats, & combien grande fut celle qu'ils témoignoient avoir pour moi. On en verra des preuves dans la ſuite ; & j'avoüë ne comprendre pas comment des hommes dont la profeſſion eſt d'expoſer continuellement leur vie, peuvent le faire de bon cœur, lorſqu'ils voyent que dans leurs maladies & dans leurs bleſſures, on a moins de ſoin d'eux, que l'on n'en a des chevaux que l'on fait penſer ſoigneuſement, à cauſe qu'on ne les peut perdre

dre, ſans qu'il en coute de l'argent pour en avoir d'autres.

M. le cardinal de Richelieu fut ſi content de ma conduite, qu'il voulut m'en donner une marque par une lettre que l'on trouvera dans mes papiers, dont la ſubſtance étoit: Qu'encore qu'il laiſſât à Meſſieurs les Secretaires d'Etat le ſoin d'écrire à ceux qui étoient dans des emplois ſemblables au mien, la maniére dont je ſervois l'obligeoit à me témoigner ſa joye de la ſatisfaction que le Roi en avoit. S. E. écrivit en même temps à M. le maréchal de la Force, & par une mépriſe on changea la ſuſcription de ces deux lettres: de ſorte qu'il reçut celle qui étoit pour moi, & je reçus celle qui étoit pour lui. Ainſi il vit ce que M. le Cardinal me mandoit, & trouva que cette lettre étoit plus obligeante pour moi, que celle qui étoit pour lui ne l'étoit à ſon égard.

Ces cinq régimens que l'on avoit prêtés à M. de Weimar étant les premiers qui ayent ſervi avec les Suedois, & les François n'é-

tant

tant pas aussi accoutumés que ceux de cette Nation à des fatigues tout-à-fait extraordinaires, je n'eus pas peine à juger qu'ils seroient à leur retour en un tel état, que les Officiers ne manqueroient pas de demander quelques graces que l'on auroit peine à leur accorder. Ainsi je m'avisai d'envoyer des Commissaires des guerres au-devant d'eux, avec ordre de dresser un rolle du nombre des Soldats dans le défilé qu'ils jugeroient le plus commode pour cela, & de m'en rapporter les extraits sur lesquels ils devoient être payés à la prochaine montre.

Et comme je ne doutois point que tous les Officiers ne fussent très-malcontens, & n'alléguassent pour apuyer la justice de leurs plaintes le nombre des malades & des blessés demeurés derriére, je dis aux mêmes Commissaires de prendre garde, sans en faire semblant, au nombre de ces malades & de ces blessés qui n'ayant pû suivre les autres viendroient après eux, & de m'en rapporter des mémoires très-exacts. Ils l'exécutérent ponctuellement; & ce que j'avois

prévû,

prévû, arriva. Car les Mestres de camp & les Capitaines me firent d'étranges plaintes, & leur ayant répondu fort civilement qu'ils sçavoient que je ne pouvois faire payer les montres que sur les extraits des revenus, ils me conjurérent de considérer qu'il n'y auroit point de justice de les traiter avec une si extrême rigueur. Chacun me donna un mémoire du nombre des malades de sa compagnie qui étoient demeurés derriére, & je trouvai que ces mémoires se rapportoient à ceux que les Commissaires m'avoient mis entre les mains. Alors je leur dis que s'ils vouloient me promettre sincérement de ne point mettre de passevolans dans les montres suivantes, je prendrois le hazard du blâme que l'on pourroit me donner de passer par dessus les regles, en les faisant payer sur le pied de leurs mémoires, outre ce qui étoit porté par leur extrait. Ils me le promirent solemnellement, & me le tinrent; car après que l'armée eût repassé le Rhin pour tourner tête vers la France, & qu'elle eut fait montre, ces cinq régimens qui

avoient

avoient encore rejoint M. le duc de Weimar, & qui étoient demeurés derriére, étant revenus dans l'armée, on leur fit aussi faire montre, & les Commissaires des guerres me vinrent dire qu'il ne s'étoit jamais rien vû de semblable à ce qui s'y étoit passé ; parce que les soldats des autres regimens qui avoient déja fait montre s'offrant de tous côtés pour grossir le nombre de ceux-ci, les Capitaines dirent qu'ils n'en souffriroient pas un seul, parce qu'ils m'en avoient donné parole, & qu'ils vouloient me la tenir. Ainsi cette revûë s'étoit trouvée moindre que la précédente de plus de trois cens hommes dont la solde fut autant de deniers revenants bons au profit du Roi.

Après que l'armée eut, comme je viens de dire, repassé le Rhin, sur ce que l'on apprit que les Impériaux avoient jetté dans Spire plus de trois cens hommes de leurs meilleures troupes, & qu'ils étoient avec de grandes forces de l'autre côté du Rhin dans le dessein de le passer sur un pont de bateaux à la faveur de cette place & d'un fort qu'ils avoient fait sur

les

les bords du fleuve du côté de la ville, Messieurs les maréchaux de la Force & de Brezé résolurent d'attaquer cette place, quoique la rigueur du froid fût encore extrême, & qu'à peine les soldats eussent de quoi se couvrir. Je demeurai à Landau, qui n'en est éloignée que d'environ trois lieuës pour donner ordre aux choses nécessaires pour la subsistance de l'armée, & envoyai, outre toutes sortes de provisions, tous les médicamens pour les malades & les blessés que je pus trouver, avec quantité de vin pour distribuer gratuitement aux soldats. Ces rafraîchissemens firent un tel effet, que ceux qui étoient à ce siége, & qui restent encore en vie, peuvent témoigner que jamais gens n'ont fait paroître plus de vigueur, ni été plus gayement au péril qu'ils firent; ayant, entre autres actions, emporté ce fort, & taillé en piéces tout ce qui étoit dedans, après y être montés sur les pointes des hallebardes. Ainsi les Impériaux, qui étoient delà le Rhin, virent en peu de jours prendre la place.

Le siége fini, je fis apporter à Landau sur des

échelles

échelles tous les bleſſés qui trouvérent toutes choſes préparées pour les recevoir dans des cloîtres de monaſtéres, où ils furent traités comme dans Paris; & avant de partir dudit Landau, je donnai de ma main, au nom du Roi, trois piſtoles à chacun de ceux qui étoient conſidérablement bleſſés, dont le nombre étoit de plus de deux cens. Ce fut alors que l'on connut l'effet que de petites récompenſes peuvent produire dans le cœur des ſoldats. Car non ſeulement ceux-là, mais tous les autres dans l'eſpérance d'être traités de même, s'ils ſe trouvoient au même état, s'animérent de telle ſorte à bien ſervir, que les Meſtres de camp & les Capitaines me firent de grands remerciemens de ce qu'un ſeul de leurs ſoldats ne leur demandoit plus congé, comme autrefois, quelque grande qu'eût été la fatigue de ce ſiége; mais qu'il n'y avoit rien au contraire qu'ils ne fuſſent capables d'entreprendre dans la diſpoſition où ils les voyoient.

En ce même tems Monſieur le Marquis, maintenant duc de la Force, fils de M. le Maréchal

réchal partit avec un corps de cavalerie pour aller favoriſer le paſſage de Meſſieurs le duc de Rohan, de la Valteline, & Meſſieurs les Généraux ſe ſéparérent. M. le maréchal de la Force demeura dans l'Alſace avec une partie des troupes, & Monſieur le maréchal de Brezé vint en Lorraine avec le reſte.

Comme ce Mémoire m'eſt particulier, je crois y pouvoir rapporter deux choſes qui confirment ce que j'ai dit de l'affection des ſoldats pour moi, & de celle dont M. le maréchal de Brezé m'honoroit.

Ne s'étant jamais vû de plus mauvais chemins que ceux qui ſe rencontrérent durant cette marche dans une fin d'hyver, & dans d'auſſi bonnes terres que ſont celles d'Alſace, une de mes charettes ſur laquelle étoit ma vaiſſelle d'argent & des papiers fut perduë pendant trois jours ſans eſpérance de la recouvrer quelque ſoin que l'on prit, & auroit ſans doute été pillée, ſi les ſoldats m'euſſent moins aimé. Mais ayant ſçû qu'elle étoit à moi, un ſergent dit qu'il me la rameneroit à quelque prix & en quelque lieu que ce fût, & ainsi lorsque nous étions à Saverne, on le vit arriver avec vingt soldats qu'il avoit pris pour l'escorter. M. le maréchal de Brezé n'en témoigna pas moins de joye que moi; & ce fut en ce même lieu qu'il me donna d'une maniére également surprenante & obligeante, une marque de son affection que je crois devoir rapporter.

Un gentilhomme qui commandoit une des compagnies qui étoient en garnison dans cette place, me pria, avec grande instance, de lui demander la permission d'aller chez lui pour donner ordre à ses affaires, à cause que sa maison avoit été brûlée. Je lui en parlai tout bas, & il me dit tout haut en la presence de la plûpart des Officiers de l'armée & de cette garnison. *Monsieur, que lui avez-vous répondu?* Je demeurai assez surpris, & lui repartis: Je lui ai répondu, Monsieur, que je vous en parlerois. *Vous lui avez fort mal répondu*, me dit-il alors. Ce qui me surprit encore davantage. *Parce*, ajoûta-t-il, *que vous n'avez pas besoin de me parler pour disposer de tout ce qui peut dépendre de moi.*

Lorsque

Lorſque nous fumes à Rambertvilliers, il reçût des dépêches de la Cour qui portoient que le Roi l'avoit choiſi avec M. le maréchal de Châtillon pour paſſer en Flandres avec l'armée qui ſe devoit joindre à celle de Meſſieurs les Etats commandée par M. le prince d'Orange, & que Sa Majeſté avoit extrêmement à cœur que ces troupes fuſſent parfaitement belles. Monſieur le maréchal de Brezé ayant fait voir ces dépêches à ces perſonnes de qualité qui commandoient ces compagnies de chevaux-legers plus belles & plus fortes que n'ont été depuis pluſieurs régimens, leur deſir de paroître dans une telle occaſion les fit venir pour me dire que je ſçavois la fatigue qu'elles avoient euës durant un hyver ſi rude, & particuliérement celles qui étoient revenuës de favoriſer le paſſage de Monſieur de Rohan ; mais que ſi je voulois les faire payer comme complettes, ils me donnoient leur parole de mettre chacun deux mille écus du leur pour les mettre en tel état, qu'il ne ſe ſeroit jamais vû de plus belles troupes.

Je n'eus pas peine à juger que cette propoſition

étoit avantageuſe au ſervice du Roi. Mais ayant dans l'eſprit le deſſein que l'on verra par la ſuite, je leur répondis qu'il n'y avoit rien que je ne deſiraſſe de faire pour les ſervir, mais que je les priois de conſidérer que cela paſſoit mon pouvoir, que j'avois les mains liées, & qu'il ne m'étoit libre de faire payer que le nombre porté par les extraits de revûë. Enſuite ils furent trouver le maréchal de Brezé pour le conjurer de me faire réſoudre à leur accorder cette demande. Il vint auſſi-tôt me voir, accompagné d'eux tous, & me dit qu'il venoit joindre ſes prieres aux leurs. Je lui répondis que je le ſupplíois de trouver bon qu'avant que de lui répondre je lui diſſe un mot en particulier. Alors je lui dis dans la ruelle de mon lit, que je croiois cette propoſition ſi avantageuſe pour le ſervice du Roi, qu'encore que rien ne ſoit plus extraordinaire que de faire payer plus d'hommes que ne portent les extraits de revûë, j'appréhendois ſi peu que l'on m'accusât de le faire par aucun autre intérêt que celui du ſervice, que je ne craindrois point de l'entreprendre : mais que deſirant que ce fût à lui ſeul

&

& non pas à moi que ces M[rs] en eussent l'obligation ; parce que devant servir sous ses ordres ils ne pouvoient lui être trop affectionnés, je m'étois excusé de consentir à ce qu'ils desiroient, afin qu'ils le tinssent purement de lui. Je n'ai jamais vû personne plus touché, que M. le maréchal de Brezé le fut de cette réponse, & nulle parole ne peut exprimer le gré qu'il m'en témoigna. Il revint à ces Messieurs, leur dit que je m'étois résolu de faire pour l'amour de lui tout ce qu'ils desiroient, quoique ce fût la chose du monde la plus extraordinaire. A quoi il ajoûta qu'il falloit avoir une réputation de probité aussi bien établie & aussi hors d'atteinte qu'étoit la mienne pour oser l'entreprendre. Il seroit inutile de dire quelle fut la joye que témoignérent tous ces Messieurs, non plus que les remercimens qu'ils firent à Monsieur le Maréchal. Ils renouvellérent les assûrances qu'ils m'avoient données, & les exécutérent de telle sorte que chacun sçait qu'il ne s'est jamais vû de plus belles troupes que furent celles qu'ils menérent en Flandres, & qui eurent tant de part au gain de cette fameuse bataille d'Avein, qui pour avoir acquis tant de gloire aux armes du Roi, donna une jalousie à M. le prince d'Orange qui produisit des effets si contraires à ceux que l'on devoit attendre d'une campagne ouverte par une si belle victoire.

Je veux croire que l'on ne jugera pas mal-à-propos que je remarque dans cet endroit, combien il importe pour le service du Roi que ceux qui sont dans les charges ayent une probité à l'épreuve pour ne point appréhender dans une rencontre singuliére, telle qu'étoit celle-là, de faire une chose aussi extraordinaire, que de faire payer une montre à des troupes, sans s'arrêter aux extraits des revûës.

Monsieur le maréchal de Brezé partit ensuite pour aller à la Cour, & comme j'étois destiné pour aller dans cette armée qui devoit passer en Flandres, j'allai trouver Monsieur le maréchal de Châtillon pour me rendre avec lui à Mézieres, où l'on devoit résoudre toutes choses, avant que de se mettre en marche. Ce fut sur ce chemin que parut encore l'affection du soldat pour moi, outre tant d'autres marques que

j'en

j'en avois déja reçuës, & que je n'ai pas rapportées. Car comme j'étois en carosse avec Monsieur le maréchal de Châtillon, les Régimens de Piedmont & de Rambures qui revenoient de notre armée d'Allemagne pour aller en Flandres étant venus à passer, ils ne m'eurent pas plûtôt apperçu que les soldats commencérent à s'écrier : *Courage, voilà Monsieur d'Andilly, soions malades, soions blessés, il n'importe.* Cela toucha extrêmement Monsieur le maréchal de Châtillon, & j'ai sçû depuis que dans cette guerre faite en Flandres les soldats de ces Régimens, & des autres qui avoient servi comme eux de mon temps, s'imaginoient, quoique peut-être sans sujet, que dans les maux qu'ils souffroient, j'aurois pû les soulager s'ils m'eussent eu encore avec eux.

M. le maréchal de Brezé étant arrivé à la Cour, trouva que le Roy vouloit s'avancer vers Langres, sur la frontiére, avec une armée, en même temps qu'il faisoit passer en Flandres celle dont je viens de parler; & sur ce qu'il parla à M. le Cardinal de Richelieu, comme ne mettant point en doute que je ne servisse

 dans

dans celle de Flandres, & que Son Eminence lui dit, que le Roi me destinoit pour servir dans son armée, il insista de telle sorte pour m'avoir, que M. le Cardinal s'en fâcha, & lui dit ces mêmes mots : *S'il y a un bon Officier, vous voulez l'avoir.* Ainsi il lui fallut céder; & & il en témoigna plus de déplaisir que je ne méritois.

Je reçus aussi-tôt après à Mezieres un ordre de me rendre à la Cour, qui étoit alors en Picardie. Je vins en poste à Paris, où j'allai trouver M. de Bullion qui y étoit demeuré, n'y ayant que Monsieur Bouthillier son Collégue en la surintendance qui eût suivi le Roi. Je ne fus pas peu surpris qu'au lieu des témoignages de satisfaction que je croyois avoir sujet d'attendre de lui; il commença par me quereller, en me disant que j'avois fait payer des troupes au-delà de ce que portoient les Extraits des revûës. « Oüi, Monsieur, lui » répondis-je, & je crois en cela avoir fort utilement servi le Roi. Il me semble qu'on doit » être content des grandes sommes qu'il y

» a

„ a euës des deniers revenans bons : Bien, „ bien, me dit-il alors, vous vous justifierez „ devant le Roi, papiers sur table. Oüi, oüi, „ lui répondis-je, en le quittant ; & très- „ bien. „

J'allai ensuite trouver le Roi à S. Quentin, & fus parfaitement bien reçu de S. M. & de M. le Cardinal. La premiére parole que Son Eminence me dit, fut : “ Vous avez charmé „ le maréchal de Brezé. Ce n'est pas moi, „ Monsieur, lui répondis-je, mais c'est votre „ Eminence qui l'a charmé, en lui témoi- „ gnant qu'elle seroit bien-aise qu'il me fît „ l'honneur de m'aimer. „ Comme il y avoit quantité de monde, il me remit au lendemain pour m'entretenir. Je l'allai trouver dans un pré où il se promenoit avec Messieurs de Longueville & Servien. Aussi-tôt que Monsieur de Longueville l'eut quitté, je m'approchai, & M. Servien se recula. Je lui dis que j'avois grand sujet de me plaindre de Monsieur de Bullion, de ce qu'au lieu de me témoigner de la satisfaction de la maniére dont j'avois servi, il m'avoit querellé. Il me répondit : „ Ne

„ Ne connoiſſez-vous pas ſon humeur ? Je „ lui repartis : Sa mauvaiſe humeur le devoit- „ elle porter juſqu'à me dire que je me juſti- „ fierois devant le Roy, papiers ſur table ? „ Voici, ajoûtai-je, en tirant une liaſſe de ma „ poche, ma juſtification toute entiére, & „ dont j'eſpére que Votre Eminence ſera ſa- „ tisfaite, s'il lui plaît de jetter les yeux deſ- „ ſus. „ Sur cela M. le Cardinal appella Monſieur Servien, & lui dit : « Voilà une choſe „ inſupportable de M. de Bullion, d'avoir dit „ à M. d'Andilly, qu'il ſe juſtifieroit devant „ le Roy, papiers ſur table. „ Il n'y eut rien enſuite d'obligeant que M. le Cardinal ne me dît. Et ni lui, ni M. Bouthillier, ni M. Servien ne voulurent jamais voir cette liaſſe, que je puis aſſûrer hardiment, qui contenoit le compte le plus éxact que l'on puiſſe rendre d'un tel emploi.

Monſieur Bouthillier, & M. Servien furent étonnés quand je leur dis, qu'au lieu de dix mille francs par mois dont j'avois pû diſpoſer abſolument, je n'en avois pas employé la moitié,

moitié, quoique toute la dépenſe de l'hôpital y fût compriſe, auſſi-bien que cette gratification faite aux Soldats bleſſés au ſiége de Spire; & pluſieurs autres dépenſes qui n'étoient pas moins utiles. Néanmoins M. de Bullion fut ſi juſte & ſi raiſonnable, qu'à mon retour du ſecond voyage d'Allemagne, dont je parlerai enſuite, après n'avoir employé dans tous les deux voyages que vingt-trois mille livres, au lieu de ſoixante-dix dont j'avois pû diſpoſer durant les ſept mois que les armées avoient agi, & rapporté au profit du Roi quarante-ſept mille livres reſtans, il diſoit qu'il falloit que je payaſſe du mien les vingt-trois mille que j'avois employés, ſur quoi je laiſſe à juger, ſi des Miniſtres de cette humeur, & qui ne ſont pas du tout ſi ſevéres envers eux-mêmes, ſont propres à animer les gens de bien à bien ſervir; & je ſuis fort trompé, ſi ç'a été par de ſemblables moyens que dans les Etats les mieux réglés, on a porté les hommes à ſe diſtinguer par leur zéle & par leur fidélité.

Le Roi étant tombé malade auprès de Rheims,

Rheims, il me commanda d'aller vers Langres, où les troupes s'aſſembloient dans le même tems que M. le maréchal de la Force étoit venu avec ſon armée en Lorraine, où feu M. le Prince commandoit alors. Je m'arrêtai à Chaumont ; & ce fut là que je fis connoiſſance avec Madame de Sainte Ange, fille de M. de Boulogne, qui étoit fort de mes amis, & que j'étois allé voir, ayant ſçu par un compliment qu'il m'avoit envoyé faire qu'il étoit à Chaumont avec la goutte.

Comme ce Mémoire me regarde plus que nul autre, je ne ſçaurois ne point dire quelque choſe de l'étroite amitié dont il a plu à Dieu de m'unir avec Madame de S. Ange ; puiſqu'elle eſt telle, que j'oſe aſſûrer, qu'il n'y en eut jamais une plus grande. C'eſt une femme admirable, & de qui l'on ne ſçauroit dire quand la vertu a commencé, parce que Dieu lui a fait tant de graces, qu'elle a paru en elle dès ſon enfance. Auſſi-tôt qu'après être veuve, elle eût donné ordre aux affaires de ſa famille, elle ſe fit Religieuſe à

P. R. où elle eſt encore; & je crois ne pouvoir alléguer une meilleure preuve de ſon extraordinaire pieté, que ce que la Mere Angelique & la Mere Agnès, que l'on ſçait qui n'étoient pas prodigues de loüanges ſur un ſemblable ſujet, me dirent un jour. Je partois de Paris pour m'en retourner à P. R. des Champs, & lorſque je diſois adieu à la Mere Angelique, étant venus à parler de Madame de S. Ange, je lui demandai ſi l'on n'étoit pas toûjours fort ſatisfait d'elle dans la Maiſon? „ On peut bien l'être, me dit-elle, puiſque „ depuis qu'elle y eſt, nous n'avons pas re„ marqué en elle la moindre imperfection. » La Mere Angelique étant ſortie, & la Mere Agnès étant venuë me dire adieu, je lui témoignai la joye que j'avois de ce que la Mere Angelique venoit de me dire. Elle me répondit: « Elle pouvoit, mon frere, paſſer plus „ avant, en ajoûtant, comme il eſt vrai, que „ ma ſœur Anne de Sainte Eugenie, croît „ toûjours de vertu en vertu. »

Pour revenir à la ſuite de ma narration:

M'étant

M'étant rendu à Clermont où ces troupes aſſemblées auprès de Langres, au nombre de huit ou neuf mille hommes, étoient commandées par M. de Bellefonds, maréchal de camp : on eut avis que M. de Lorraine venoit pour les combattre. Mais il n'oſa l'entreprendre, & nous allâmes aſſiéger Arnai, que l'on prit ſans qu'il le ſecourût. M. le Prince me manda de l'aller trouver à Epinal ; j'y fus, & après qu'il eut tenu conſeil ſur tout ce qu'il avoit à faire, je m'en retournai. S. A. m'écrivit enſuite qu'elle jugeoit à propos que j'allaſſe ſervir dans l'armée de M. le maréchal de la Force, que ces troupes commandées par M. de Bellefonds étoient allé joindre. Mais ne pouvant m'y réſoudre, pour les raiſons que j'en ai dites, je m'en retournai à Chaumont, d'où j'écrivis à la Cour, pour demander mon congé. Lorſque je l'y attendois, M. le cardinal de la Valette accompagné de M. de Turenne & de M. le comte de Guiche, maintenant duc de Grammont & maréchal de France, qui revenoient de l'armée de M. le maréchal de la Force,

Force, & s'en alloient à la Cour, vinrent à Chaumont, où M. le Cardinal de la Valette témoigna beaucoup de joye de me trouver.

Mon congé ne venant point, & étant obligé de l'attendre, M. le cardinal de la Valette revint de la Cour où le Roi lui avoit donné le commandement d'une armée, & pour maréchaux de camp, M. de Turenne, M. le comte de Guiche, & M. le colonel Gébron; & il m'apporta un ordre de Sa Majesté pour servir dans cette armée composée entr'autres troupes de dix compagnies du Régiment des gardes les plus belles du monde.

Lorsqu'il fût assez avancé dans sa marche, M. le duc de Weimar le joignit avec son armée dont M. de Feuquieres étoit Lieutenant général, parce qu'il l'avoit fortifiée d'un corps de troupes Allemandes levées par le Roi, dont il avoit été fait Général.

Comme l'on sçait jusqu'à quel point Monsieur le cardinal de Richelieu portoit la dignité de Cardinal, & que ce Prince alloit au solide, il demeura d'accord de céder le rang à M. le cardinal de la Valette. Mais ce dernier qui

étoit

étoit l'un des hommes du monde le plus civil en usoit si discrétement qu'au lieu d'affecter de passer devant lui, il sortoir d'ordinaire du lieu où ils étoient assemblées, ou y entroit en faisant semblant de parler à quelqu'un.

Sur quoi encore que la réputation que ce Prince a laissée soit si grande, qu'il n'y a personne qui n'ait entendu parler de lui ; je crois devoir dire quelque chose de ce que j'y ai remarqué. Il seroit inutile de m'étendre sur le sujet de sa valeur & de sa science dans la guerre, puisque sans parler de tant d'autres actions, & de la bataille de Lutzen dont il remporta tout l'honneur, le roi de Suede ayant d'abord été tué, rien n'a jamais été plus glorieux que l'état où il s'étoit mis par sa seule vertu, en se rendant maître de Brisac après avoir gagné trois batailles dans une même campagne, & commencé pour en venir là par faire passer des hommes au-delà du Rhin dans des bateaux de pêcheurs. Mais ce que j'ai reconnu en lui, outre son extrême vigilance, sa prévoyance & son ordre, c'étoit une sagesse & une civilité qui l'auroit plûtôt fait prendre pour

pour un Italien, que pour un Allemand. Et ce qui étoit encore incomparablement plus estimable, mais qui donne tant de sujet de déplorer son malheur d'avoir vécu & d'être mort dans une fausse religion, c'est qu'il témoignoit un tel respect pour Dieu, qu'il ne manquoit jamais d'attribuer à lui seul tous ses bons succès. J'ai l'obligation à sa mémoire de m'avoir donné plusieurs marques de sa bonté & de sa confiance. J'avois commencé, comme je l'ai dit, d'être connu de ce Prince après le premier passage de l'armée du Roi au-delà du Rhin; & lors de sa jonction avec M. le cardinal de la Valette dont je viens de parler, il le pressa fort de lui faire donner sur ce qui lui étoit dû deux mille écus dont il disoit avoir incessamment besoin. S. E. se défendit de toucher au fonds nécessaire pour le payement de ses troupes: mais enfin elle crut ne le pouvoir pas mécontenter, & m'envoya lui dire qu'on lui donneroit cet argent, quand il lui plairoit. Voyant ensuite que plusieurs jours se passoient, sans qu'il en parlât, je lui dis que je m'étonnois que Son

Alteſſe ayant tant preſſé pour avoir cet argent, elle n'en parloit plus. Il me répondit : *Ne l'ai-je pas, puiſque j'ai votre parole ?*

Dans un voyage qu'il fit long-tems après en France, étant allé lui rendre mes devoirs, il me reçut avec tous les témoignages d'affection imaginables, & me raconta tout ce qui lui étoit arrivé d'important depuis que je n'avois eu l'honneur de le voir. Le jour qu'il entra dans Briſſac que l'on peut dire avoir été le plus illuſtre de ſa vie, & comme le jour de ſon triomphe, il me fit l'honneur de m'écrire la lettre du monde la plus obligeante ; & la maniére dont il y parle eſt une preuve de ce que j'ai dit qu'il référoit à Dieu tous ſes bons ſuccès.

M. le Cardinal de la Valette & ce Prince ayant eu avis que Mayence aſſiégée par une partie des troupes Impériales étoit à l'extrémité, & que le général Galas s'avançoit vers eux avec une grande armée, ils réſolurent de le combattre, marchérent contre lui, & l'on ne doutoit pas que l'on ne dût le lendemain

donner

donner bataille. M'étant avancé à la tête de l'armée avec ces deux Généraux, M. le duc de Weimar dont toute la cavalerie marchoit dans un tel ordre, que je n'ai jamais rien vû de plus beau, la tête d'un cheval ne passant pas l'autre, dit à M. le cardinal de la Valette, qu'il importoit du tout de ne se pas écarter, ni s'amuser au pillage, après avoir rompu les ennemis, mais qu'il falloit demeurer serré & en ordre pour pousser toûjours sa victoire, parce qu'autrement les ennemis qui étoient accoutumés à se rallier, regagneroient aisément l'avantage qu'ils auroient perdu, n'ayant à faire qu'à des troupes écartées.

Je crus qu'il étoit très-important d'informer les nôtres de cet ordre qu'ils devoient tenir dans le combat : mais parce qu'il ne m'appartenoit pas de leur en parler comme de moi-même, je quittai Son Eminence & Son Altesse, & sous prétexte de chercher M. de Turenne, & lui porter cet ordre de la part de M. le cardinal de la Valette, je parlai à toutes les troupes les unes après les autres ; y

 ajoûtai

ajoûtai tout ce que je crus pouvoir les animer davantage au combat, & leur augmenter l'eſpérance de la victoire; fis diſtribuer aux Régimens qui m'en demandérent, poudre, plomb, meche, ce qu'ils en avoient beſoin, & après les avoir laiſſés dans une telle ardeur d'aller au combat, que la plûpart ſautoient de joye, & particuliérement les Cadets de ces belles compagnies des Gardes, je m'en retournai auſſi-tôt trouver les Généraux.

Mais cette eſpérance de donner bataille s'évanoüit lorſque M. de Feuquieres qu'ils avoient envoyé reconnoître les ennemis, trouva que Galas s'étoit retiré par le détroit de Lenſtul, dans un fort qui auroit dû les empêcher d'y paſſer, qui lui avoit été remis entre les mains par un Allemand, de qui l'on ſe croyoit aſſûré, & que ce Général y avoit laiſſé des troupes qui nous fermoient le paſſage.

Il fallut donc retourner ſur nos pas, & camper dans un bois, où l'armée ſouffrit extrêmement par le défaut de vivres, auquel il avoit

avoit été impoſſible de pourvoir dans une marche auſſi prompte, & dans un tel pays. Et lorſqu'on agita dans le Conſeil des moyens d'y remédier, étant auſſi preſſés de marcher qu'on étoit pour ſecourir Mayence, M. le duc de Weimar dit, qu'il n'y en avoit point d'autre que de gagner du pain à coups d'épées, en s'avançant toûjours, & faiſant reculer l'ennemi. Cela fut éxecuté. Car les Impériaux n'oſant nous attendre, & la moiſſon étant prête à ſe faire, nous trouvâmes des bleds ſur la terre à l'entrée de Creutznak. Nous aſſiégeâmes enſuite, & prîmes Binghen, qui eſt une place ſur le Rhin, au-deſſous de Mayence, dont les ennemis nous voyant ſi proches ſe retirérent.

Ayant donc ainſi en ſauvant Mayence ſauvé une ville ſi conſidérable, nous y allâmes; & mon fils aîné, qui au ſortir de l'Académie avoit pris la poſte pour ſe rendre à cette armée, y arriva, & prit un mouſquet dans le regiment des Gardes, en la compagnie de M. de Vaines, qui étoit fort de mes amis.

Après que nous eûmes fait un pont de batteaux, nos deux armées passérent le Rhin, & se campérent de l'autre côté, dans la créance que quelques Princes d'Allemagne se joindroient à nous, comme ils l'avoient fait espérer. Mais les Imperiaux ayant fait des efforts extraordinaires pour assembler des forces de toutes parts, & l'armée de Galas, qui avoit pris son poste à Wormes, étant de trente-cinq mille hommes, ces Princes n'osérent se déclarer de-peur d'avoir toutes les forces de l'Empereur sur les bras lorsque nous aurions repassé le Rhin pour tourner tête vers la France. Le Lantgrave de Hesse entr'autres envoya faire ses excuses par M. de la Boderie, neveu de mon beau-pere. Il servoit le Roy près du Lantgrave, & étoit Colonel d'un regiment de cavalerie Allemand.

Ainsi notre séjour au-delà de ce Fleuve, qui est comme la barriére des deux Empires, ne pouvant plus produire aucun effet, on résolut de le repasser, & Galas qui tenoit le dessus du Rhin fit, pour tâcher à nous en en ôter le moyen, côtoyer le long de ce Fleuve des batteaux pleins d'artifices, pour brûler nôtre pont. Le feu commença à s'y mettre, & on dût principalement à M. de Feuquieres de l'avoir garanti, par le ſoin extraordinaire qu'il prit, & le péril où il s'exposa pour l'empêcher d'être brûlé.

Auſſitôt après, on eut avis que le colonel Schemideberg que Galas avoit aſſiégé dans Manheim, étoit prêt de ſe rendre faute de vivres. Sur le minuit, M. de Feuquieres vint me trouver dans ma tente où j'étois malade, & avois ce jour-là été ſaigné des deux bras; il me dit que l'on venoit de réſoudre dans le Conſeil, ſur la propoſition que M. le colonel Hebron en avoit faite, & dont lui, qui me parloit, avoit été chargé de l'éxécution, que l'on prendroit cinq mille chevaux, dont chaque cavalier porteroit en croupe un ſac de bled, qu'il iroit décharger vis-à-vis de Manheim, ſur le bord du Rhin du côté de l'Alſace, où le colonel Schemideberg les envetroit prendre avec des batteaux, & qu'ainſi il falloit que je donnaſſe promptement ordre aux munitionnaires de préparer ce bled & ces ſacs. L'impoſſibilité évidente de tirer un bon effet de cette réſolution me frappa tellement l'eſprit, que je lui dis : « Que je ne comprenois „ pas qu'on eût pû ſeulement penſer à la pren- „ dre : Que Galas étoit à Wormes avec tou- „ te ſon armée, & par conſéquent entre-nous „ & Manheim : Que nos cinq mille chevaux „ ne ſeroient pas plûtôt en marche dans ce „ long eſpace de chemin, depuis Mayence juſ- „ qu'à Wormes, qui n'eſt pas moins que de „ vingt lieuës de France, qu'il en auroit avis „ par des Cravates qui battoient continuelle- „ ment la campagne, & qu'il leur tomberoit „ ſur les bras avec toutes ſes forces : Qu'auſſi- „ tôt qu'ils ſe verroient attaqués, on ne pou- „ voit douter qu'ils ne jettaſſent leurs ſacs, „ pour penſer plûtôt à ſe défendre qu'à les „ ſauver : Mais que quand même ils pour- „ roient arriver ſans perte, juſques ſur les „ bords du Rhin, à l'oppoſite de Manheim, „ & décharger leurs bleds, quel moyen de

„ revenir

» revenir ſans être entiérement défaits, puiſ-
» que Manheim étant plus éloigné de Mayen-
» ce que Wormes, il faudroit qu'ils repaſſaſ-
» ſent à travers les quartiers de l'armée de Ga-
» las toute campée à l'entour de Wormes :
» Que quand même les Cravates n'auroient
» point dès avant donné avis de leur marche,
» ils ne pourroient pas alors l'ignorer ; &
» qu'ainſi la perte d'un corps auſſi conſidéra-
» ble que cinq mille chevaux ſeroit inévita-
» ble, & celle de toute nôtre armée, par une
» ſi grande diminution de ſes meilleures trou-
» pes, par la terreur que cela jetteroit dans
» l'eſprit des autres, & par la maniére dont ce
» ſuccès enfleroit le cœur des ennemis. Je
» demeure d'accord de tout ce que vous
» me dites, me répondit M. de Feuquieres ;
» mais pouvois-je repréſenter ces difficultés,
» puiſqu'en même temps que la propoſition
» en a été faite, on m'a choiſi pour l'éxécuter ?
» Si cette raiſon vous a retenu, lui répartis-je,
» & que vous n'ayez pas pû ne vous y point
» rendre, je ne l'ai pas, & puis ainſi être plus
» hardi

» hardi que vous. C'eſt pourquoi je vous dé-
» clare, que je n'éxécuterai point cet ordre,
» & que l'état ou vous voyez que je ſuis ne
» m'empêchera pas de me lever pour l'aller
» dire à M. le Cardinal ». Auſſi-tôt je m'habillai, m'en allai dans la tente de S. E. la fis éveiller, & lui dis tout ce que je viens de rapporter. Il me répondit: « Vos raiſons ſont
» excellentes: mais que vouliez-vous que je
„ fiſſe ? M. le colonel Hebron a propoſé cela
» d'une maniére qu'il ſembloit qu'il y auroit
» quelque lâcheté à ne l'oſer entreprendre.
» Et pourquoi, Monſieur, lui dis-je, êtes-
» vous Général, ſi ce n'eſt pour décider abſo-
» lument ce que vous jugez être le plus utile ?
» N'en parlons donc plus, me dit M. le Car-
» dinal; il n'y faut pas penſer davantage. »
Ainſi ce deſſein fut rompu; & l'évenement fit voir, que je puis dire avec vérité, que Dieu m'a fait la grace en cette occaſion, d'avoir rendu au Roi & à la France, un auſſi grand ſervice, que d'empêcher la perte d'une partie ſi conſidérable de cette armée, & qui auroit indu-

indubitablement attiré celle de tout le reste. Car sans parler de ce qu'il se trouva que Manheim s'étoit déja rendu, comment ces cinq mille chevaux auroient-ils pû n'être point taillés en piéces, puisque nous eûmes aussi-tôt après sur les bras, toute l'armée de Galas, qui seroit fonduë sur eux, & les auroit enveloppés de toutes parts ?

Dès le moment que ce dessein fut rompu, l'on ne pensa plus qu'à repasser le Rhin le plus promptement qu'il se pourroit, & pour en cacher la résolution aux ennemis, M. de Feuquieres proposa d'aller avec quatre ou cinq mille chevaux donner jusques dans les barriéres de Francfort, où il y avoit de leurs troupes. On l'approuva, & on le chargea de l'éxécution. Il s'en acquitta avec tant de conduite & de jugement que cette action éclata fort, comme on en pourra voir le particulier, ainsi que de plusieurs autres choses que je ne rapporterai pas ici, dans la relation que je fis de cette campagne par l'ordre de Monsieur le Cardinal de Richelieu dont je parlerai ensuite. Je dirai seulement ici en passant que ce fut à cette occasion

ſion que M. de Thou qui étoit naturellement ſi vaillant qu'il ne pouvoit s'empêcher d'aller au péril, où ſa profeſſion ne l'engageoit pas, reçut une mouſquetade au bras droit, dont, au lieu de tirer vanité, il témoignoit quelque honte. Il étoit ſi homme d'honneur, ſi généreux, & ſi bon ami, que nul autre n'a moins mérité que lui de finir ſa vie d'une maniére qui a tiré des larmes de tant de perſonnes de qualité, que je crois pouvoir dire que jamais particulier n'a été plus généralement regretté, ni avec plus de ſujet; & ce ſeroit me rendre indigne de l'amitié qu'il me portoit, que de ne pas rendre ce témoignage à ſa mémoire.

Auſſi-tôt après le combat fait juſques dans les portes de Francfort, nous repaſſâmes le Rhin, & on ne put plus douter alors qu'il n'y avoit point de tems à perdre, puiſque Galas venoit déja à nous avec toute ſon armée, & nous avoit fermé le chemin par lequel nous devions retourner en France, & ſur la route duquel étoient tous les bleds que j'avois fait aſſembler, & mettre en divers entrepôts pour la ſubſiſtance de nôtre armée. Ainſi l'on ſe trouva réduit

duit à chercher un autre passage par des pays qui peuvent passer pour des deserts, tant ils sont peu habités; & je ne pourrois, sans faire tort à la vérité, ne point dire que l'honneur de cette célebre retraite qui porte le nom de la retraite de Mayence, & qui passe avec raison pour l'une des plus illustres actions de nos longues guerres, fut principalement dûë à Monsieur le duc de Weimar & à Monsieur de Feuquieres son lieutenant général, qui commandant les troupes Allemandes & Suedoises pouvoient par elles faire des choses que les François n'auroient pu faire dans un tel pays.

Cette si longue retraite qui dura onze jours me faisoit souvenir des Israëlites dans le desert, lorsque dans l'extrême nécessité de vivres, & le peu d'eau que nous rencontrions continuellement poursuivis par une si puissante armée, des pommes sauvages & quelques petites fontaines étoient toute nôtre nourriture le jour, & la lune, alors dans son plein, nôtre lumiére durant la nuit. Mais qui peut mieux faire connoître quelle étoit nôtre nécessité, que de dire qu'encore que ma charge me donnât un entier pouvoir ſur les Officiers des vivres, à peine pouvois-je, tout malade que j'étois, avoir du pain & de l'eau ?

La vigilance de M. le duc de Weimar étoit incroyable. Il mettoit chaque jour à bout plusieurs chevaux, étoit par tout, donnoit ordre à tout, & pour pouvoir recouvrer des guides, il employoit juſqu'à cinq cens chevaux pour en prendre dans les bois où les payſans s'enfuïoient dans ce pays ſi ſauvage. Car rien n'étoit plus important, parce que pour favoriſer nôtre retraite il falloit faire marcher les troupes, l'artillerie, & le bagage par trois chemins différens, afin d'éviter l'embarras : & la difficulté étoit de pouvoir découvrir tous les chemins. Je courus grande fortune de n'en jamais revenir, parce que mon carroſſe ayant rencontré dans une deſcente de montagne une pierre, les Allemands, qui ne pouvoient rien ſouffrir qui les retardât, crioient d'en haut à d'autres Allemands de le jetter en bas : & ils étoient prêts de le faire, lorſque par bonheur il ſortit de ce mauvais pas. Je crois qu'il ne ſe paſſa point de

jour

jour que Son Alteſſe n'eût la bonté de me venir demander comment je me portois.

Monſieur de Feuquieres ſecondoit ſa vigilance, il demeura entr'autres quarante heures de ſuite ſans deſcendre de cheval, & penſa mourir après à Metz d'une maladie que de ſi grandes fatigues lui cauſerent.

Que ſi tant de difficultés qui ſe rencontrerent dans cette retraite la rendent célebre, elle ne l'eſt pas moins par l'extrême valeur que les nôtres y firent paroître. Car dans le milieu de nôtre marche, une partie des ennemis nous ayant joint, il ſe donna un combat où après qu'on leur eut défait quatre mille chevaux, ils furent contraints d'abandonner douze piéces de campagne; & lorſque nôtre armée eût paſſé la Sarre à Vaudrevange, où M. de Netz qui ſervit très-bien commandoit pour le Roi, toute celle de Galas étant arrivée de l'autre côté de la riviére, il s'engagea enſuite à Boulan un ſecond combat dans lequel on leur défit huit mille chevaux. Et ce fut là que M. de la Meilleraie de Normandie, M. de Londigny, & M. de Chuſac furent tués.

Quand

Quand je fus arrivé à Metz, ne pouvant guérir, à cause qu'en quelqu'état que je fusse, on me parloit continuellement de tant d'affaires que je n'avois pas le moindre repos, parce que dans une charge unique comme celle d'Intendant d'une armée, on ne sçauroit être soulagé de personne, je résolus de m'en revenir, & suppliai Monsieur le cardinal de la Valette de mander à la Cour que Monsieur de Thou alors guéri de sa blessure, & qui n'étoit venu à l'armée que pour son plaisir, & par l'affection qu'il avoit pour lui, pourroit prendre ma place. Son Eminence le fit, & j'écrivis sur le même sujet à M. Servien. Le Roi l'agréa, & ainsi je remis la charge entre les mains de Monsieur de Thou. Mais afin que S. M. ne pût trouver mauvais que j'eusse demandé mon congé, j'allai la trouver à Bar où elle s'étoit renduë pour s'opposer au progrès que Galas prétendoit faire. S. M. surprise de me voir avec un si mauvais visage qu'à peine étois-je reconnoissable, me dit d'abord : Il fait bien meilleur à Pomponne, que delà le Rhin. Et ce qui la faisoit parler de la sorte,

sorte, c'est qu'étant passé par Pomponne le jour d'une foire qui s'y tient tous les ans, elle avoit entendu que les paysans la nommoient ainsi. Elle me fit l'honneur de me témoigner ensuite être fort contente de mes services.

Après avoir pris congé de S. M. je m'en allai à Paris, & fus trouver à Chilly M. le cardinal de Richelieu. Il me reçut très-bien ; & dans le compte que je lui rendis de tout ce qui s'étoit passé dans cette campagne jusqu'au retour de l'armée à Metz : lui ayant dit particuliérement, & selon la vérité, de quelle maniére M. de Feuquieres avoit servi, il me dit qu'apprenant par là beaucoup de choses qu'il ne sçavoit pas, il seroit bien aise d'avoir une relation exacte de cette campagne. Je la fis, & la lui portai à son retour à Paris. J'en gardai une copie qui doit être parmi mes papiers.

Après être sorti de la chambre de M. le Cardinal à Chilly, j'allai voir M. Bouthillier, M. Mazarin depuis cardinal y vint quelques tems après, & lui dit en ma presence. M. de Chavigny vient de me dire que M. d'Andilly a parlé de M. de Feuquieres à M. le Cardinal d'une maniére qui a fait aujourd'hui ſa fortune, parce qu'encore que Son Eminence croye qu'il y entre de cette chaleur que chacun ſçait que M. d'Andilly a pour ſes amis, ce diſcours a fait une telle impreſſion ſur ſon eſprit, qu'il eſt impoſſible que Monſieur de Feuquieres n'en reſſente des effets.

Voilà de quelle ſorte ſe paſſérent mes emplois dans ces armées, qui furent les premiéres qui depuis tant de ſiécles firent voir aux Allemands, les François traverſer le Rhin pour porter la guerre dans leur païs, malgré cette forte barriére qui faiſoit dire autrefois que ce fleuve étoit la borne fatale qui empêchoit l'empire Romain de s'étendre plus avant.

Ce fut dans ce dernier voyage que je fis une amitié ſi étroite avec M. de Fabert, & dont il m'a donné des preuves ſi particuliéres, comme plus de deux cens lettres que j'ai de lui le témoignent, que je ne pourrois, ſans manquer de reconnoiſſance, ne point parler de lui dans ces Mémoires. Mais parce que perſonne n'ignore combien c'étoit un homme admirable, je je me contenterai de dire, que nul autre n'a mieux fait connoître la vérité de cette belle parole d'un ancien : Qu'il y a un certain degré de mérite si élevé, que l'envie même la plus furieuse n'ose entreprendre d'y donner atteinte ; puisque lorsque le Roi l'honora de la charge de maréchal de France, il ne se trouva personne assez hardie pour dire qu'il y eût dans cette action plus de faveur que de justice : & que d'un autre côté jamais homme en s'abaissant ne s'est tant rehaussé que lui, lorsque l'incroyable modestie qui le porta à refuser l'honneur d'être chevalier de l'Ordre du Saint Esprit, lui en acquit un encore plus grand.

Le 25. Novembre de cette même année 1635. peu après mon retour, Madame de la Boderie ma belle-mere mourut à Pomponne. Je ne la pus trop regretter pour son mérite & sa vertu.

Deux ans n'étoient pas encore passés depuis cette mort, que le 23. Août 1637. Dieu retira aussi à lui ma femme. Comme nulles paroles ne peuvent exprimer quelle fut ma douleur d'une si cruelle séparation, je me contenterai

 de

de dire, que les ſentimens que j'eus de cette perte ſont inconcevables ; & ſi Dieu ne m'avoit préparé la conſolation d'un ami tel que M. l'abbé de S. Cyran, je ne ſçais ce que je ſerois devenu. Il l'aſſiſta à la mort, & moi après ſa mort d'une maniére ſi également ſainte & extraordinaire, que Dieu qui ſembloit parler par ſa bouche, ne ſçauroit ne lui avoir point tenu compte des preuves qu'il nous donna à l'un & à l'autre de ſon ardente charité, & de cette parfaite amitié chrêtienne, qu'il nommoit après les SS. Peres, le rehauſſement de la charité. Que ſi Dieu ne ſe fût ſervi de lui pour me fortifier contre les plus grandes afflictions que l'on puiſſe recevoir en cette vie ; comment aurois-je pû enſuite d'une telle perte, que celle que je venois de faire, réſiſter encore à cet autre accablement de douleur, de le voir lui-même un peu après mené au bois de Vincennes, où il demeura cinq ans, & n'en ſortit qu'après la mort du cardinal de Richelieu ? Je ne parlerai point des divers intérêts qui contribuérent à ſon empriſonnement ſi injuſte, ni de ce qui ſe paſſa dans cette partie la plus

plus éclatante de la vie de ce grand perſonnage, tant par l'incroyable vertu avec laquelle il ſupporta cette priſon, que par les admirables écrits qu'il y fit, & la maniére ſi glorieuſe dont il en ſortit, d'autant que j'en ai fait un mémoire très-particulier, ſigné de ma main, qui ſe trouvera entre mes papiers. Je dirai ſeulement ici, que Dieu voulut que par une rencontre étrange, je le vis entrer en priſon, & que ce fut moi qui l'en allay retirer : à quoi j'ajoûterai, que la feuë reine Mere eut la bonté de m'envoyer témoigner par M. le comte de Maure, la part qu'elle prenoit à ma joye de ſa liberté.

Il faut revenir à la ſuite des choſes que j'ai rapportées dans ce Mémoire, & que je me ſuis trouvé obligé d'interrompre.

Après que Monſieur fut de retour en France, il m'envoya par M. Goulas ſecretaire de ſes Commandemens, un brevet de mille écus de penſion, de même que la Reine ſa mere quelques années avant m'en avoit envoyé un tout ſemblable par M. Deſroches : & la feuë reine Mere m'en envoya un tout pareil par

M. le Gras ſecretaire de ſes Commandemens, auſſi-tôt qu'elle fut régente, ſans que j'aye ſeulement penſé à ſolliciter aucun de ces brevets : & Sa Majeſté ne ſe contenta pas de me donner cette penſion, comme elle en donna quelques autres durant ſa régence, qui n'ont pas ſubſiſté depuis; mais elle voulut qu'elle fût employée ſur l'état de ſa maiſon, afin que je n'eûſſe pas beſoin d'ordonnance pour en être payé, comme je l'ai toûjours été juſqu'à ſa mort.

Monſieur m'a fait l'honneur de me témoigner toûjours beaucoup de bonne volonté, & de recevoir très-bien les devoirs que je lui rendois de tems en tems juſques au jour de ma retraite, lors de laquelle S. A. R. eut la bonté de conſerver à mon fils de Pomponne cette penſion de mille écus qu'elle me donnoit, & il en a toûjours été payé juſqu'à la mort de ce Prince.

Pour ce qui eſt de la feuë reine Mere, on ſçait aſſez quelle étoit la bonté dont elle m'honoroit; mais il n'y a que quelques perſonnes dont M. de Bartillac mon intime ami à qui

j'ai de très-grandes obligations, eſt l'un, & Madame de Saint Ange religieuſe à P. R. eſt l'autre, comme en ayant euë connoiſſance par feu M. de S. Ange ſon mari, premier Maître-d'Hôtel de S. M. en la fidélité duquel elle avoit une entiére confiance, qui ſçachent que j'ai été aſſez heureux pour ſervir S. M. en des occaſions ſi importantes, qu'elles ne pouvoient l'être davantage. Mais quelle preuve de l'extrême confiance dont elle m'honora peut-être plus grande, que ce qu'elle me dit à Saint Germain durant le dernier voyage du Roy, » que l'une des choſes du monde qu'elle deſiroit le plus, étoit, ſi cela dépendoit d'elle, de me mettre M. le Dauphin entre les mains, pour l'élever comme je voudrois? car ajoûta-t-elle : Que pourois-je faire de mieux, que de mettre le Roy entre les mains d'un homme à qui Dieu a donné le cœur d'un Roi? » Ce furent ſes propres paroles, & elles étoient trop obligeantes pour moi, pour pouvoir jamais en perdre le ſouvenir. Elle parla de ce deſſein qu'elle avoit à feuë Madame la Princeſſe, & à Madame la Princeſſe de Guemené,

mené, qu'elle ſçavoit qui me faiſoient toutes deux l'honneur de m'aimer. S. M. témoigna depuis que le Janſeniſme, ce vain fantôme, dont on lui a toûjours fait tant de peur, & qui lui a fait faire depuis tant de choſes ſi contraires à ſon humeur, lui donnoit peine ſur mon ſujet, ſans qu'elle ait ceſſé néanmoins de m'honorer de témoignages d'une affection dont je ne ſçaurois conſerver une trop grande reconnoiſſance : Mais quand ce fantôme n'auroit point été un obſtacle dans ſon eſprit qui l'auroit empêché de continuer dans ce deſſein qu'elle avoit de ſe repoſer ſur moi d'un emploi qui lui étoit d'une ſi extrême importance, M. le cardinal Mazarin auroit-il pû y conſentir ?

Ceux à qui Dieu fait la grace de mépriſer tout ce qui les regarde en particulier, pour ne conſidérer que lui ſeul, & ne penſer qu'à s'acquitter de leurs devoirs, ne ſont pas propres à des favoris. Leur intérêt va à s'élever toûjours de plus en plus, à affermir leur autorité, à obſcurcir le mérite des autres, à s'attribuer la cauſe des bons ſuccès, à rejetter ſur autrui

autrui celle des mauvais, à ſe rendre les diſtributeurs des graces & des faveurs, & à faire que leurs maîtres ne voyent que par leurs yeux afin de leur être néceſſaires. L'intérêt des Rois au contraire va à connoître le mérite des perſonnes de toutes conditions les plus capables de les bien ſervir, à ſe faire entretenir de leurs bonnes actions, à leur témoigner le gré qu'ils leur en ſçavent, & à les loüer en ces rencontres en preſence de tout le monde pour exciter entr'eux cette généreuſe émulation qui fait que rien ne leur paroît impoſſible pour ſe rendre dignes d'un ſi grand honneur. L'intérêt des Rois va à leur demander en diverſes rencontres leur ſentiment, à s'enquérir d'eux de l'état des provinces, des abus qui s'y commettent, & des remedes qu'on y peut apporter, pour voir ſi cela ſe rapporte à ce dont leurs Miniſtres les informent. L'interêt des Rois va à ne ſe contenter pas de remarquer les ſignalés ſervives & deſſervices qu'on leur rend; mais à les faire écrire dans des regiſtres pour ſe les faire lire de tems en tems afin de reconnoître les

uns,

uns, & se ressouvenir que les autres ne méritent pas de recevoir un semblable traitement : ce qui retiendroit tout le monde dans le devoir, rien n'étant plus véritable que cette parole dite il y a tant de siécles : *Que la récompense & la peine sont les deux vrais démons des empires.* Et enfin l'intérêt des Rois va à faire monter avec eux sur le trône la piété, la vertu & le mérite pour régner par eux, & avec eux d'une maniére si chrêtienne, si généreuse & si noble qu'après avoir été durant leur vie l'objet des faveurs de Dieu, de l'amour de leurs peuples, & de l'admiration des étrangers, ils vivent encore aprés leur mort non seulement pour un tems sur la terre dans la mémoire des hommes, ce qui est commun aux bons & aux méchans Princes, mais éternellement dans le Ciel.

Après la mort du feu Roi, le jour même que la Reine fut déclarée régente, elle me fit l'honneur de me parler de choses fort importantes, avant que d'aller au Parlement, & encore après en être revenuë, & s'être mise dans le lit à cause qu'elle étoit fort lasse, ce qui fut tellement remarqué que feu Monsieur le Prince me pressa

pressa de lui dire de quoi je l'avois donc tant entretenuë ; mais je m'en excusai, parce que ce n'étoient pas des choses que je pusse dire à d'autres qu'à S. M. même.

Monsieur Servien étoit alors encore exilé en Anjou, & faisoit une étroite profession d'amitié avec mon frere l'abbé de saint Nicolas à present évêque d'Angers. Je suppliai la Reine, auprès de laquelle je lui avois déja rendu de grands offices, d'avoir agréable qu'il revînt à la Cour. Elle me l'accorda, & ainsi on le vit dans le Louvre, sans que personne sçût qu'il eut permission de revenir. Il étoit, en arrivant, venu descendre à mon logis pour être informé de l'état de toutes choses avant de voir personne. Je lui rendis encore d'autres offices fort importans dont je ne parlerai point ici, & dont j'aurois dû être pleinement satisfait de son amitié & de sa confiance si elles eussent répondu aux protestations qu'il m'en faisoit, puisqu'il ne s'y pouvoit rien ajoûter. Mais en rentrant dans les emplois & dans la faveur, je le trouvai dans sa bonne fortune si différent de lui-

même,

même, lorſqu'elle étoit mauvaiſe, que je re-nonçai de bon cœur à ce que je devois attendre de ſa reconnoiſſance.

Monſieur l'abbé de ſaint Cyran, dont l'amitié m'étoit un treſor ſans prix, étant mort au mois d'Octobre de cette même année 1643. lorſque j'étois à Pomponne, d'une apopléxie qui ne lui donna que le tems de recevoir ſes Sacremens, Madame la Princeſſe de Guemené demanda & obtint de la Reine ſon Abbaye pour Monſieur de Barcos dont je ne puis mieux témoigner quel eſt le mérite qu'en diſant qu'il eſt un digne neveu d'un tel oncle. Comme les J *** n'ont jamais plus haï perſonne, que feu Monſieur de ſaint Cyran, parce qu'encore qu'il n'ait point mis ſon nom à ſes ouvrages, ils ſçavent qu'il eſt l'auteur de cette réponſe à la Somme Théologique du P. Garaſſe, l'un de leurs confreres, qui a fait voir dans ce Livre tant d'erreurs & tant d'héreſies; & de cet autre admirable ouvrage de *Petrus Aurelius* pour la défenſe de la Hierarchie, dont tout le Clergé de France s'eſt tenu ſi obligé qu'il ne ne s'eſt pas contenté d'employer toutes ſortes de moyens pour l'engager à s'en déclarer l'Auteur, afin de lui en témoigner ſa reconnoiſſance par des gratifications proportionnées à la grandeur du ſervice qu'il lui avoit rendu ; mais a fait imprimer deux fois à ſes dépens cet excellent ouvrage avec une éloge à la tête qui conſervera pour jamais dans les archives de l'Egliſe l'honneur qui eſt dû à ſa mémoire. Il n'y eut point d'effort, que cette compagnie ne fit pour obliger la Reine à révoquer la grace qu'elle venoit d'accorder à ce ſucceſſeur de la ſcience & de la vertu de Monſieur de ſaint Cyran, parce que chacun ſçait que leur haine ne meurt point avec ceux qui oſent combattre les erreurs & les dangéreuſes maximes de leur compagnie. Mais S. M. demeura ferme, & me fit l'honneur de répondre : « Que diroit M. d'Andilly, ſi je » refuſois cette grace au neveu d'un homme » qu'il a tant aimé ? »

Je revins auſſi-tôt de Pompone pour aller rendre mes remerciemens à Sa Majeſte ; & ſur ce qu'elle me dit : « Vous aimiez donc bien

» M.

„ M. de ſaint Cyran ? & que je lui repartis : Je „ lui avois, Madame, de ſi grandes obliga- „ tions que je l'aimois plus que ma vie ; il y a „ même ajoûté celle de me donner ſon cœur par „ ſon teſtament, & j'eſtime plus *cela*.... „ Sur ce mot de *cela*, Sa Majeſté par une preſence d'eſprit admirable, me répondit en ſerrant le bras du Roi qu'elle menoit par la main dans la galerie du Palais-Royal, *Que d'être cela.*

L'un des premiers ſoins que cette grande Princeſſe ſe crut obligée de prendre pour attirer les bénédictions de Dieu ſur ſa Regence, ſut d'empêcher les duels. Elle en parla à M. le Chancelier, & il lui dit que M. le cardinal de Richelieu ayant voulu un peu avant ſa mort remédier à un ſi grand mal par l'Edit le plus ſolemnel qui ſe fût encore fait, il m'avoit prié d'y travailler, que je l'avois fait, & que je devois l'avoir entre les mains. S. M. en témoigna beaucoup de joye, & me commanda enſuite de mettre cet Edit entre les mains de Monſieur le Chancelier. Ainſi je le lui donnai ; & quelque temps après ayant rencontré M. le duc de

Bellegarde

Bellegarde chez M. de Chavigny, il me dit : „ Il y a huit jours que tout ce que nous sommes d'Officiers de la Couronne sommes assemblés pour examiner l'Edit des duels que „ vous avez dressé, sans avoir pu trouver un „ seul mot à y changer. „ Ainsi il fut expédié au mois de Juillet de cette même année 1643. & vérifié au Parlement le onze Août sans aucune modification. Voyez la page 152. du Recueil imprimé par Cramoisy en 1660. de tout ce qui regarde les duels.

Comme Dieu m'a fait la grace, dont je ne puis assez le remercier, de connoître depuis long-tems le néant des choses de la terre, & que je suis persuadé que nulle autre fortune ne peut rendre un homme véritablement heureux selon le monde, que celle des Souverains, par le moyen qu'elle leur donne de faire des biens infinis, au lieu que même les plus élevées de toutes les autres conditions sont renfermées dans une dépendance qui rend tous leurs bons desirs inutiles, quelque grand que soit leur amour pour le public, & l'entier

desin-

desintéressement qu'il demande : Je n'eus pas plûtôt perdu ma femme, que je pensai à me retirer, en conservant toûjours cette inclination dans mon cœur. La perte d'un ami tel que M. de S. Cyran, me fit avec l'assistance de Dieu m'y déterminer entiérement. Ainsi peu de jours après sa mort, j'en pris la résolution : mais parce qu'ayant une si grande famille, je ne devois rien faire inconsidérément, je voulus pourvoir avant à toutes choses, & crus avoir pour cela besoin de deux ans. Mais j'avançai ce terme de six mois.

Toutes les pensions ayant été diminuées d'un tiers, celle de six mille livres que le Roi me donnoit, étoit réduite à quatre mille, je desirai la laisser à mon fils de Pomponne, pour en joüir, outre ses gages du Conseil, & il m'en fut expedié des lettres patentes. M. Almeras Maître des Comptes très-considéré dans sa Compagnie, en fut rapporteur, & m'a dit que la Chambre avoit considéré comme une chose sans exemple, qu'une pension passât d'un pere à un fils, parce que cela seroit

ſeroit d'une trop dangereuſe conſéquence : mais que l'affaire avoit néanmoins paſſé tout d'une voix en ma faveur, chacun diſant, que l'on ne pouvoit refuſer à mes ſervices & à la maniére dont j'avois vécu, de m'excepter de cette régle générale. Ce qui eſt une trop grande obligation que j'ai à cette Compagnie, pour n'en conſerver pas auſſi-bien le ſouvenir dans ce Mémoire, que le reſſentiment de mon cœur.

N'y ayant plus alors de Religieuſes à Port-Royal des Champs, Monſieur le Maître mon neveu, dont j'ai parlé, s'y étoit retiré avec un de ſes freres, & le troiſiéme de mes fils qui avoit été nourri page de M. le Cardinal de Richelieu, & que Dieu avoit touché enſuite d'une grande maladie qu'il avoit eüe au retour de l'armée. Il s'y étoit auſſi retiré avec eux. Je crus que nulle autre ſolitude ne m'étoit plus propre, & que je ne pouvois en lieu du monde finir mes jours plus tranquillement, que dans ce deſert : mais comme j'avois pluſieurs amis à qui je me trouvois obligé de rendre compte de ma conduite, je n'estimai pas leur devoir cacher mon dessein, ni même partir sans prendre congé de la Reine. Ainsi j'en parlai à S. M. qui me témoigna en être touchée, & me fit l'honneur de me dire, qu'elle vouloit avant me parler à loisir. Sa Majesté me donna le lendemain au matin une audience si favorable, qu'elle défendit de laisser entrer aucun autre que moi. Les derniéres paroles que je lui dis, furent: « Que „ quand elle n'auroit point de Couronne sur „ la tête, je la supplîois très-humblement de „ croire que je ne l'honorerois pas moins, & „ si elle me permettoit de le dire, que je „ ne l'aimerois pas moins que je faisois. „ A quoi elle me répondit ces mêmes mots: *C'est cela qui est obligeant.*

M. le cardinal Mazarin à qui j'avois à parler, touchant le bruit que faisoit le livre de la Fréquente Communion, & dont l'affaire étoit encore dans sa chaleur, me donna aussi une audience si favorable, qu'ayant commandé que sa porte fût fermée ce matin-là

à

à tout le monde, excepté moi ; & M. le Prince étant venu, M. l'abbé Auvry maître de chambre de Son Eminence, & depuis évêque de Coutances, lui dit : « Monseigneur, il faut » être Monsieur le Prince pour voir ce matin » Monsieur le Cardinal. Et pourquoi ? lui ré- » pondit Son Altesse, parce que, lui repliqua- » t-il, il est enfermé avec Monsieur d'Andil- » ly, qui vient prendre congé de lui. Où » va-t-il ? lui demanda Monsieur le Prince, » M. l'abbé Auvry le lui dit ; & il répondit : » Voilà ce qui s'appelle une belle retraite ». Monsieur le Prince entra ensuite dans la chambre, mais il ne voulut jamais parler à M. le Cardinal, que je n'eusse achevé ce que j'avois à lui dire : & s'entretint cependant avec M. l'abbé Auvry. Cette faveur m'obligea d'aller prendre congé de Son Altesse, & la sorte dont elle me reçut, l'entretien que j'eus avec elle, & la maniére dont elle me témoigna en être touchée, seroient le sujet d'un trop long discours.

Je partis aussi-tôt après. Je fus obligé avant

 de

de faire imprimer un volume de mes lettres par l'occaſion que je vais dire.

Monſieur le preſident de Gramond du Parlement de Toulouſe, que je ne connoiſſois non plus qu'il ne me connoiſſoit, ayant fait une hiſtoire, dans laquelle il parloit de moi, comme d'un homme, qui par intérêt s'étoit rendu eſclave du cardinal de Richelieu, j'écrivis ſur ce ſujet une lettre à M. de Montrave, premier preſident au même Parlement, laquelle faiſoit retomber ſur M. de Gramond la confuſion que j'aurois dû recevoir, ſi ce qu'il diſoit étoit auſſi véritable qu'il étoit faux, & je fis imprimer cette lettre. Monſieur de Gramond ne pouvant alors ne pas reconnoître le tort qu'il avoit, me manda par un nommé Doujat, qu'il avoit fait refaire cette feüille de ſon ouvrage, après en avoir retranché ces paroles qui me bleſſoient, & qu'il me prioit de ſupprimer auſſi ma lettre. Je lui répondis que je ne le pouvois, parce que des exemplaires de ſon hiſtoire étant déja entre les mains de tout le monde, il étoit raiſonnable que ma juſtification fût auſſi publique

que que son livre. Cette réponse n'ayant pas plû à M. de Gramond, il fit imprimer une lettre adressée à Philargue, qui se trouvera parmi mes papiers, par laquelle il tâchoit à défendre ce qu'il avoit fait. J'écrivis sur cela une autre lettre à M. de Montrave, qui réduisit M. de Gramond au silence. Ainsi l'affaire en demeura là. Mais comme ce mémoire fit voir que l'honneur a été le seul bien que mes proches & moi avons recherché, & qu'ainsi l'on ne doit pas trouver étrange que je veüille au moins laisser à mes enfans une réputation sans tache, je crûs que des feüilles volantes qui se perdent aisément ne suffiroient pas pour détruire ce qui se trouve écrit dans un gros livre qui se trouve dans quelques Bibliotheques. Ainsi je résolus de rassembler plusieurs de mes lettres qui pûssent faire corps avec celle-là, afin de former un juste volume d'une grosseur assez raisonnable: & sans cette considération je n'aurois point fait imprimer ces lettres, parce qu'elles ont cela de fâcheux, que les personnes à qui l'on écrit n'étant pas toutes incapables de changer, on est sujet de dire d'elles

 en

en un temps ce qu'on n'en diroit pas en un autre.

Cette même raiſon m'a empêché de permettre qu'on réimprimât ces lettres : mais elles le ſont en Hollande, & à Lyon ſans dates, ce qui eſt un grand défaut ; parce qu'elles ſervent beaucoup pour l'éclairciſſement des ſujets dont on y parle.

Etant arrivé dans cette ſainte ſolitude que j'avois choiſie pour ma retraite, j'y ai paſſé près de vingt années, & le repos dont j'y joüiſſois étoit trop grand, pour durer toûjours. Mais le fantôme du Janſeniſme, à qui rien n'eſt impénétrable, qui court toutes les Provinces, qui paſſe & repaſſe ſi ſouvent les Alpes, & qui ne ſe laſſe point de troubler l'Egliſe, ne manqua pas de le traverſer. Ce n'eſt pas ici le lieu de rapporter en particulier tous les maux qu'il a cauſés. De plus habiles que moi ont commencé, & pourront continuer à en écrire l'hiſtoire : mais plus elle eſt véritable, plus la poſtérité aura de peine à la croire ; tant il eſt difficile de ſe perſuader que les J.*** ayent pû par leurs cabales & leurs artifices faire

joüer

joüer tant de ressorts, & élever de si grandes machines sur un fondement imaginaire. Ainsi je me contenterai de dire sur ce sujet quelques unes des choses qui ont de la liaison avec ce qui me touche.

Lorsqu'en 1654. on tint au Louvre chez M. le cardinal Mazarin cette assemblée d'Evêques, & que mon frere le Docteur répondit par quatre Ecrits à tout ce qu'alléguoit le P. Annat Jesuite, confesseur du Roy; j'en envoyois toutes les feüilles à Son Eminence avant qu'elles fussent imprimées, n'y ayant rien de tout ce qui peut dépendre de moi, que je ne voulusse faire pour ce qui regarde la paix de l'Eglise. Ainsi après cette assemblée du Louvre, M. le Cardinal m'ayant fait témoigner par M. l'évêque de Coutances, qui lui rendoit mes lettres, qu'il desiroit extrêmement que l'on n'écrivît plus, je dis à mon frere, & à ceux de mes amis qui avoient le plus de part dans cette affaire, qu'après avoir fait tout ce qu'ils avoient pû pour éclaircir & pour défendre les vérités qu'ils soutenoient, il me sembloit qu'ils devoient en demeurer là, pourvû que les J.***

de leur côté n'écrivissent plus aussi. Ils l'approuverent : mais comme je n'ai jamais donné de parole, que je n'aye tenuë ; & qu'ainsi avant que de m'engager, je voulois qu'on ne pût douter de la leur, je les obligeai de signer ce qu'ils me promettoient. J'écrivis ensuite à M. le Cardinal ce que j'avois fait. Il en fut si content, qu'il porta à l'instant ma lettre à la Reine ; & Sa Majesté me fit l'honneur de lui dire ce que M. de Coutances m'a rapporté : *Que puisque j'avois donné ma parole, on ne pouvoit plus mettre la chose en doute.*

Qui n'auroit crû qu'après cela, l'affaire demeureroit assoupie ? mais les J.*** ne sçavent point quitter prise, lorsqu'ils ont une fois conspiré la ruine de ceux qui ont commis un aussi grand crime, qu'est dans leur esprit celui d'oser choquer leur Societé. Ainsi sans se soucier de la parole formelle qu'ils ne pouvoient ignorer que Son Eminence m'avoit donnée, & qu'il avoit sans doute aussi tirée d'eux de demeurer dans le silence, ils firent une lettre circulaire pleine d'erreurs & d'heresies, qu'ils supposérent avoir été écrite, & envoyée de tous

côtés

côtés par les disciples de S. Augustin. Une copie m'en étant tombée entre les mains, mon frere le Docteur cotta de sa main à la marge ces erreurs & ces hérésies, & je l'envoyai à M. de Coutances, pour faire voir à M. le Cardinal de quelle sorte les J.*** lui tenoient parole. L'on me manda que Son Eminence en étoit très-mal satisfaite, qu'elle y donneroit ordre, & que cependant elle me prioit que l'on continuât à demeurer dans le silence. On le fit ; mais bien-tôt après il parut des Vers latins imprimés, dont j'ai encore des exemplaires, par lesquels les J. *** representoient Port-Royal des Champs comme un Enfer, y marquoient en particulier toutes les peines des damnés, & finissoient cette charitable piéce par une fervente priére à Dieu de nous précipiter tous dans cet abîme. J'envoyai ces vers à M. le Cardinal, & lui renouvellai mes plaintes. Il me manda qu'il s'en étoit mis en grande colere, & que si je pouvois en découvrir l'auteur, il le feroit châtier sévérement. Je n'y eus pas grande peine, parce qu'ils se distribuoient

publi-

publiquement par les J.*** dans leur Collége de Clermont, où ils avoient été faits, & il se rencontra que celui qui en étoit l'auteur avoit durant les guerres civiles fait aussi des Vers les plus sanglans du monde contre Son Eminence. Je le lui fis sçavoir, lui dis son nom ; & voyant qu'il n'y mettoit aucun ordre, je retirai ma parole.

Ainsi l'on recommença à écrire, & les J.*** n'y trouvant pas leur compte, ils eurent recours à leurs armes ordinaires, dont ils ont un arcenal inépuisable, qui sont les impostures & les calomnies.

On élevoit à Port-Royal des Champs dans la piété & dans les sciences, avec un soin extraordinaire, un très-petit nombre de jeunes enfans; & une éducation si chrêtienne qui pouvoit leur faire faire également tant de progrès dans la vertu & dans les lettres, fut insupportable aux J.***. Ils résolurent d'employer tous leurs efforts pour détruire cette bonne œuvre, & ils en vinrent à bout. Car ils assûrérent si hardiment que le nombre de ces enfans étoit

fort

fort grand, & que c'étoit un véritable Seminaire, où on leur enſeignoit ce qu'ils nommoient les maximes du Janſeniſme, ſans pouvoir dire ce que c'eſt, non plus que ce prétendu Janſeniſme, que les parens furent obligés de retirer leurs enfans avec la douleur de les voir privés d'une inſtruction que les ſeuls commencemens ont fait connoître être ſi bonne, que la plûpart ont parfaitement bien réüſſi.

Les J.*** n'en demeurérent pas là. C'étoit trop peu pour eux de n'avoir fait ſentir qu'à des enfans les effets de leur animoſité, elle n'épargna perſonne; & avec la même hardieſſe qu'ils avoient dit fauſſement qu'il y avoit tant d'enfans, ils aſſurérent à la Cour qu'il y avoit un très-grand nombre de gens qui s'étoient retirés dans cette maiſon, & que celui des ſeuls Eccleſiaſtiques n'étoit pas moindre que quarante, quoiqu'il n'y en ait jamais eû au plus que trois ou quatre.

La réſolution fut donc priſe d'envoyer le Lieutenant Civil pour faire ſortir les perſonnes qui s'étoient retirées dans cette maiſon. Et ce

fut

fut à cette occasion, comme en tant d'autres que la reine Mere me donna une preuve très-particuliére de la bonté dont elle m'honoroit. Car elle me fit écrire par M. de Bartillac ce qui avoit été résolu, & qu'elle avoit bien voulu m'en donner avis, afin que je n'en fusse point surpris.

Après avoir rendu à Sa Majesté de très-humbles remerciemens de l'honneur qu'elle m'avoit fait; j'écrivis à M. le Cardinal, qu'il n'y avoit rien de plus éloigné de la vérité que ce grand nombre de personnes dont on lui avoit parlé, qu'il étoit au contraire très-petit; & qu'encore qu'il fût bien rude de faire sortir d'une maison consacrée à Dieu, ceux qui ne s'y étoient rétirés que pour travailler à leur salut; néanmoins si le Roy le vouloit, il falloit obéir: mais qu'il n'étoit point nécessaire pour cela de Monsieur le Lieutenant Civil, ni de faire un si grand éclat; puisque si S. M. continuoit dans ce dessein, je ne demandois que huit jours pour l'exécuter. M. le Cardinal ayant montré ma lettre à la Reine, Sa Majesté lui dit que l'on pouvoit sur ma parole tenir la chose

pour

pour faite, & commanda en même-temps à M. le Tellier de révoquer l'ordre donné à M. le Lieutenant Civil.

Quelques jours après, j'écrivis à M. le Cardinal que je lui avois demandé huit jours, qu'il n'y en avoit que quatre de passés, & qu'il pouvoit quand il lui plairoit envoyer voir si le Roi n'avoit pas été obéi. Sur cela Son Eminence m'écrivit la lettre suivante, pour me faire connoître d'une maniére si civile, que je devois aussi me retirer.

MONSIEUR,

„ J'ai reçû la lettre que vous avez pris la „ peine de m'écrire, & quoique M. l'évêque „ de Coutances vous ait déja mandé les inten- „ tions du Roy, & informé de toutes choses, „ je ne laisserai pas de vous dire, que j'ai fait „ valoir avec le soin que vous pouviez desi- „ rer, vôtre soûmission entiére aux volontés „ de Sa Majesté ; mais je vous prie d'achever, „ comme vous avez commencé. Car laissant „ cette affaire entre les mains de la Reine, il

„ est

„ eſt bien mal-aiſé que dans l'eſtime & l'affec„ tion qu'elle a pour vous, la choſe ne réüſ„ ſiſſe à vôtre contentement. Je ſuis, Monſieur, „ vôtre très-affectionné ſerviteur, le cardinal „ de Mazarin „. *A Paris ce 24. Mars 1656.*

En même-temps, la Reine me fit dire qu'elle me promettoit de me faire retourner dans un mois. Il fallut donc me reſoudre à quitter ma ſolitude, avec cette conſolation néanmoins dans mon déplaiſir, de ne pouvoir douter que la parole d'une ſi grande Reine ne fût ſuivie de l'effet, & je m'en vins à Pomponne, après avoir rendu cette réponſe à Son Eminence.

MONSEIGNEUR,

„ Si quelque choſe étoit capable d'adoucir „ mon incroyable douleur d'être contraint de „ ſortir de ma ſolitude, la maniére dont Vôtre „ Eminence m'a fait l'honneur de m'écrire l'au„ roit adoucie. J'avouë, avec toute la recon„ noiſſance imaginable, que jamais comman„ dement ne fut fait en des termes plus obli„ geans, & je ne ſçaurois aſſez admirer que „ Vôtre Eminence ait pû trouver des paroles

„ qui

„ qui expriment d'une maniére si douce & si „ favorable un ordre qui m'est si rude & si „ sensible. Mais, Monseigneur, cette pénétra„ tion d'esprit de Vôtre Eminence, qui, jointe „ à sa bonté, lui auroit fait trouver le moyen „ de guérir la playe que ce commandement „ fait dans mon cœur, si elle n'étoit point in„ curable, fera, comme je l'espere, que con„ noissant encore mieux par vôtre discerne„ ment les sujets de mon déplaisir, que je n'ai „ pû les lui exprimer par mes lettres, elle ne le „ jugera pas excessif, quoiqu'il soit aussi grand „ qu'il puisse être. Après cela je ne dirai point „ à Vôtre Eminence que j'obéirai, mais je lui „ dirai que j'ai déja commencé d'obéir, en „ quittant la sainte maison, où Dieu par sa mi„ séricorde m'a donné le dessein de finir mes „ jours, & je continuerai d'obéir en m'en al„ lant demain à Pomponne, que je ne regarde „ plus comme ma maison, quoique je l'aye „ fort aimée, mais comme le lieu de mon „ éxil, & d'un éxil si douloureux, que rien ne „ m'y peut faire vivre que ma confiance en la „ bonté dont la Reine & Vôtre Eminence „ m'honorent.

„ m'honorent. Ainsi, mon prompt retour dans „ mon heureuse retraite n'étant pas une simple „ grace que je demande à Votre Eminence, „ mais une grace qui m'importe de tout, je „ la supplie de considérer les jours de mon „ bannissement, comme elle feroit les années „ pour d'autres, & de croire que les faveurs „ qu'elle accorde à ceux qui établissent leur „ bonheur dans les avantages de la fortune, ne „ leur sçauroient être plus sensibles, que me sera „ celle-là ; parce qu'elle peut contribuer à m'ac- „ quérir un bonheur, en comparaison duquel „ toutes les fortunes de la terre ne sont qu'un „ néant. J'en aurai tant de reconnoissance, que „ Vôtre Eminence peut juger par-là avec com- „ bien de passion & de respect je serai toute „ ma vie „ &c. *De Paris ce 30. Mars 1656.*

A peine étois-je arrivé à Pomponne, que Madame du Plessis vint m'y prendre, & me mena en sa maison de Fresne, qui en est proche, sans que Monsieur son mari ni elle ayent jamais voulu m'en laisser partir, tant que cet éxil dura.

Il

Il faudroit être bien méconnoissant & bien insensible pour ne point parler ici de l'extrême bonté pour moi de M. du Plessis qui est l'un des hommes du monde, en qui j'en ai le plus remarqué, & des obligations incroyables que j'ai à Madame sa femme. Notre amitié d'elle & de moi commença lors des guerres de Paris, où nous trouvant ensemble à Port-Royal aux Sermons de M. Singlin, nous parlions aussi hautement pour le service du Roi, que l'on pourroit faire aujourd'hui. L'affection & la confiance s'augmentérent depuis de telle sorte, qu'étant aussi sçavant en amitié que tous ceux qui me connoissent sçavent que je le suis, je puis dire sans crainte, qu'il n'y en sçauroit avoir une plus grande. J'ai trouvé en Madame Duplessis tout ce que l'on peut souhaiter pour rendre une amitié parfaite. Son esprit, son cœur, sa vertu semblent disputer à qui doit avoir l'avantage. Son esprit, est capable de tout, sans que son application aux plus grandes choses l'empêche d'en avoir en même tems pour les moindres. Son cœur lui auroit dans un autre sexe fait faire des actions de de courage toutes héroïques. Et ſa vertu eſt ſi élevée au-deſſus de la bonne &de la mauvaiſe fortune, que ce ne ſeroit pas la connoître,que de la croire capable de ſe laiſſer éblouïr par l'une & abbattre par l'autre. Enfin pour le dire en un mot, c'eſt l'une de ces grandes ames dont j'ai parlé dans un autre endroit de ces Mémoires. Je dois principalement à ſon amitié le bonheur ſans prix de poſſeder en pareil degré celui de M. l'évêque de Cominges ſon couſin germain par la naiſſance, & ſon véritable frere par la maniére dont il a plu à Dieu de les unir. Je n'ai pour faire connoître ſes admirables qualités, qu'à dire de lui ce que je viens de dire d'elle, en y ajoûtant que ſa ſcience, ſon zéle, & la ſainteté de ſa conduite dans les fonctions de ſon miniſtere, font voir dans ce grand Evêque un véritable ſucceſſeur des Apôtres ; & qu'il a tant d'humilité, de douceur, & de modeſtie, qu'il ſemble que ce ſoient comme autant de voiles, dont il ſe ſert pour cacher l'éclat de tant de vertus.

Le

Le mois que la reine Mere m'avoit fait dire que dureroit mon éloignement étant fini, S. M. me fit mander que je pouvois, quand je voudrois, retourner à Port-Royal. Je me donnai l'honneur de lui écrire, pour lui en rendre mes très-humbles remerciemens ; & j'écrivis aussi à M. le Cardinal qui me fit cette réponse.

MONSIEUR,

„ Je suis ravi de la satisfaction que vous avez „ de retourner dans vôtre solitude, & je ne „ m'estime pas malheureux d'avoir eu le bon- „ heur d'y contribuer quelque chose. Je ne „ doute pas dans le repos & la tranquillité „ dont vous joüirez, que vous ne conserviez „ toûjours le même zéle pour le service du „ Roi ; & j'espere bien aussi que vous n'ou- „ blierez pas dans vos prieres celui qui est „ vôtre très-affectionné serviteur. Le Cardi- „ nal Mazarin ». *A Paris ce 5. May* 1656.

Un peu avant, & dès le 24. Mars de la même année 1656. Dieu fit à Port-Royal de

Paris par la Sainte Epine, un miracle qui fut ſuivi de tant d'autres. Tous ces miracles étant comme la voix du Ciel, par laquelle Dieu ſe déclaroit en faveur de l'innocence de ces bonnes Religieuſes, conſolérent leurs amis, & étonnérent d'abord leurs ennemis. Mais rien n'étant capable d'ouvrir les yeux des Aveugles volontaires, les J***. n'eurent pas de honte de s'efforcer de ravir à l'Egliſe la joye de voir que Dieu continuë à lui être ſi libéral de ſes graces. Ils tâchérent de faire croire par des écrits publics & ſcandaleux, que ces miracles étoient ſuppoſés. Mais y en ayant eu de vérifiés dans les formes les plus autentiques qui ſe puiſſent pratiquer dans l'Egliſe, il ne leur reſta plus que d'avoir recours à leurs calomnies ordinaires; & ils ont fait joüer tant de reſſorts, ſous prétexte de la ſignature du Formulaire; qu'ils ont enfin réüſſi dans leur malheureux deſſein, de réduire l'un des plus ſaints Monaſteres qui ſoient en France, dans l'état où on le voit aujourd'hui, & qui fait gémir les gens de bien.

Ces

Ces déplorables effets de l'animosité, ou pour mieux dire de la fureur des J***. passeroient un jour pour incroiables si les écrits faits sur ce sujet ausquels ils n'ont pu répondre sans faire connoître leur mauvaise foi, & se couvrir eux-mêmes de confusion n'en étoient des preuves incontestables. Ainsi cette lamentable histoire ne pouvoit être plus particuliérement & plus fidellement rapportée, qu'elle l'est dans ces Ecrits qui sont entre les mains de tout le monde. Je dirai seulement en peu de paroles, pour venir à ce qui me regarde en particulier, qu'après que l'on eut arraché d'entre les bras de ces véritables Religieuses ce grand nombre de Pensionnaires qu'elles élevoient dans la piété d'une maniére si chrêtienne, & du pied de l'Autel ces Novices consacrées à Dieu, dont la constante résolution de mourir plûtôt que de quitter le voile qu'elles avoient reçu à la face de l'Eglise, fit voir combien leur vocation étoit sainte; enfin que l'on en vint à cette derniére extrémité, dont l'impression qui a passé de mes yeux dans mon esprit, fait que je ne sçaurois en parler sans horreur, d'enlever

 le

le 26. Aoust 1664. douze Religieuſes de cette ſainte maiſon, du nombre deſquelles étoit l'Abbeſſe, la Prieure, la mere Agnès ma ſœur, Madame de S. Ange, & mes trois filles pour les envoyer priſonniéres dans d'autres couvents : Que ſi cette action fut terrible en elle-même, la maniére dont elle s'éxécuta ne le fut pas moins, & il n'y eut perſonne qui ne crût, en voyant l'appareil avec lequel M. l'archevêque de Paris arriva dans ce Monaſtere, qu'on alloit prendre de force une place où de grands criminels s'étoient retirés dans la réſolution de ſe bien défendre. Il commença par faire ſaiſir toutes les portes, & environner toute la clôture de cette maiſon par deux cens archers, & entra enſuite accompagné de M. le Lieutenant civil avec nombre de Commiſſaires, de Monſieur le Chevalier du Guet, du Prevôt de l'Iſle, & de tous leurs Exemts. Je n'avois point vû Monſieur de Paris depuis le tems qu'il étoit maître de la chambre de M. le cardinal de Richelieu : Et lorſqu'il fût ſorti de ſon caroſſe, je lui dis ces mêmes mots : " Je ſuis ,, bien

„ bien malheureux , Monsieur, d'avoir vécu „ jusqu'à soixante & seize ans pour voir ce que „ je vois aujourd'hui. „ Il parut surpris , & me répondit : „ Que puis-je faire autre chose dans „ cette désobéissance ? Ce ne peut, Monsieur , „ lui repartis-je, être tout au plus qu'un scrupule „ qui empêche ces Religieuses de vous obéir. „ Mais un scrupule n'est pas un crime, & je „ pense que vous auriez peine à trouver dans „ toute l'histoire de l'Eglise un exemple de rien „ de semblable à ce que vous vous préparez de „ faire. „ Sur cette réponse, il mit son bonnet, entra dans l'Eglise, & j'y demeurai toûjours jusqu'à la fin de cette action qui tira les larmes des yeux de plusieurs assistans, & même de quelques-uns de ces Exemts, qui ne purent, sans être touchés, voir entr'autres choses si pleines de compassion, trois de ces Religieuses se jetter à genoux devant moi pour me demander ma bénédiction, parce que c'étoient mes filles. Je les conduisis toutes douze dans le carosse préparé pour les mener dans ces diverses prisons.

Voyant alors qu'il n'y avoit plus de Port-

Royal de Paris pour moi, je ne différai pas d'un moment à me préparer à en ſortir pour me retirer à Port-Royal des Champs. J'y retournai quatre jours après croyant qu'on me laiſſeroit en repos dans une maiſon que chacun ſçait n'être devenuë habitable, que par la dépenſe que j'y ai faite pour remédier à ce qui la rendoit ſi malſaine que les Religieuſes avoient été contraintes de l'abandonner pour ſe retirer à Paris. Mais Monſieur l'archevêque ne m'y pouvant ſouffrir dans le deſſein qu'il avoit de ne pas mieux traiter ce Monaſtere, que celui de Paris; il eut la bonté de dire au Roi, que le jour qu'il avoit fait ſortir ces douze Religieuſes de leur maiſon de Paris, j'avois voulu exciter une ſédition. Sur quoi j'ai cette obligation avec tant d'autres à la mémoire de la reine Mere d'avoir aſſûré le Roi qu'il étoit impoſſible que cela fût, puiſqu'il n'y avoit point d'homme au monde plus éloigné que je l'étois, d'en avoir ſeulement eu la penſée.

A peine étois-je retiré à Port-Royal des Champs, que le 2. de Septembre un Lieutenant de Monſieur le chevalier du Guet m'apporta

porta un ordre du Roi pour me retirer à Pomponne; & j'écrivis au dos ces mêmes mots : „ J'ai reçu le present ordre du Roi par Monsieur Dubois, Lieutenant de Monsieur le „ chevalier du Guet, & j'y obeïrai avec le même „ me respect que j'ai toûjours obeï aux com- „ mandemens du feu Roi en des occasions fort „ différentes. „ Trois jours après, mon fils de Luzancy reçut un ordre tout semblable, & le 9. Septembre nous nous retirâmes à Pomponne, où j'attens avec une entiére soumission aux ordres de Dieu, s'il lui plaira de mon vivant calmer cette grande tempête qu'il a permis, pour des causes qui nous sont inconnuës, s'être élevée contre une maison si particuliérement consacrée à son service, & me faire la grace de finir mes jours dans cette sainte Solitude, où je m'estimois si heureux d'être, que je soupire toûjours dans le desir d'y retourner.

Après avoir rapporté le plus briévement que j'ai pû une grande partie des choses les plus remarquables dans ma vie, ce seroit ici le lieu de parler de mes enfans. Mais comme mon fils de Pomponne a desiré de moi ce Mémoire, pour

donner

donner aux siens la connoissance de ce qu'il ne peut sçavoir sur ce sujet, & des actions de leurs proches dont j'ai parlé, je me remets à lui de faire la même chose pour ce qui le regarde.

Les emplois qu'il a eus, qu'il a encore, & qu'il peut avoir à l'avenir, lui fourniront assez de sujets. Je ne doute point que s'il rencontroit des occasions aussi favorables pour sa fortune, que celles que j'ai euës, il ne s'en servît plus avantageusement que je n'ai fait. Mais il faut que chacun combatte dans ses armes. Personne n'a plus que lui de cette ambition qui ne neglige rien pour s'élever sans bassesse, par tous les moyens légitimes, ni ne s'accommode plus de toutes sortes d'humeurs. Ce qui lui donne l'avantage d'avoir, outre mes amis, quantité d'autres, & une approbation générale. Je n'ai jamais eu au contraire aucune ambition, parce que j'en avois trop, ne pouvant souffrir cette dépendance qui resserre dans des bornes si étroites, les effets de l'inclination que Dieu m'a donnée pour des choses grandes, glorieuses à l'Etat, & qui peuvent procurer la félicité des peuples, sans qu'il m'ait

été

été possible d'envisager en tout cela mes intérêts particuliers, comme je l'ai assez fait voir lorsque m'étant vû aussi-bien dans l'esprit de Monsieur, qu'on le peut être, dans un tems auquel on n'auroit pu s'imaginer qu'il ne seroit point arrivé, il ne m'est jamais venu la moindre pensée d'en tirer autre avantage, que la satisfaction d'être assez heureux pour contribuer avec la grace de Dieu à le rendre l'un des plus grands Princes, qui ait jamais gouverné cette Monarchie. Ainsi je n'étois propre que pour un Roi, qui auroit régné par lui-même, & qui n'auroit eu d'autre desir, que de rendre sa gloire immortelle aussi-bien dans le Ciel que sur la terre. Tout le reste me paroît si méprisable, que je ne comprens pas comment un cœur formé de la main de Dieu pour le posséder lui-même, est capable de s'y attacher. Car est-ce connoître son infinie & éternelle grandeur, que de se laisser éblouïr par le faux éclat de ces grandeurs passagéres & périssables, dont presque tout le monde est idolâtre? Et quelles réflexions ne pourrois-

je

je point faire ſur le grand nombre de celles que j'ai vû commencer & finir durant le long cours de ma vie? Mais ſans aller chercher dans les maiſons des Rois, des Princes, des Grands, & des Favoris, des exemples du peu de fondement que l'on peut faire ſur ce qui dépend de la fortune, ce Mémoire fait pour mes Enfans ne peut-il pas le leur faire voir par ce que j'ai rapporté de notre famille? Car à quoi ſe ſont terminées tant d'eſpérances qu'il y avoit ſujet d'avoir qu'elle pourroit s'élever dans une aſſez grande conſidération pour donner de l'envie à beaucoup d'autres? Mais à juger des choſes ſolidement, & non pas ſur de vaines apparences, je ne ſçaurois au contraire rendre trop de graces à Dieu, d'avoir exaucé la priere que ma mere, qui étoit une femme véritablement chrêtienne, lui faiſoit ſans ceſſe, de renverſer la fortune temporelle de ſes enfans, pour établir ſur ſes ruines une fortune éternelle; puiſqu'à conſidérer les choſes ſelon la Foi, quelle autre famille eſt plus heureuſe! De vingt enfans que mon pere a eus de cette vertueuſe femme, dix ſont morts en âge d'innocence,

nocence, & par conséquent éternellement heureux : Des dix autres, six filles ont fini ou finiront leurs jours dans la sainte maison de Port-Royal ; & de quatre freres que nous étions, mon frere l'évêque d'Angers, & mon frere le Docteur de Sorbonne marchant comme ils sont dans la voie étroite, & combattant le bon combat, se mettent par l'assistance de Dieu en état d'être couronnés un jour de sa main. J'ai sujet d'espérer que Dieu aura fait misericorde au troisiéme, qui fut tué auprès de Verdun ; & quelque grand pécheur que je sois, son infinie bonte me fait attendre de lui la même grace, par le mérite du Sang répandu par mon Sauveur sur la Croix.

Quant à mes enfans, de quinze que Dieu m'a donnés, cinq sont morts en âge d'innocence, trois des six de mes filles Religieuses à Port-Royal, sont mortes saintement, & je ne sçaurois trop loüer Dieu de ce que les trois autres marchent sur leurs pas. Le dernier de mes quatre fils, mort jeune à l'armée, avoit été élevé d'une maniére si chrêtienne, & M. le Maréchal Fabert qui m'avoit fait l'honneur d'en d'en vouloir prendre autant de ſoin, que s'il eût été ſon fils, l'avoit confirmé de telle ſorte dans ſes bons ſentimens, que j'ai ſujet de croire que Dieu l'a retiré du monde, pour ne l'y pas laiſſer corrompre.

Celui qui eſt compagnon de ma ſolitude avoit, comme je l'ai dit, renoncé au ſiécle avant moi par l'eſpérance du ſiécle à venir; & Dieu fera, s'il lui plaît, la grace aux deux autres, de ne pas ſouffrir que leurs puînés, ſoient plus avantagés qu'eux dans le partage de cet héritage céleſte, auquel nous devons ſans ceſſe aſpirer. C'eſt ce bien véritable que je leur ſouhaite avec ardeur, & non pas ces faux biens qu'il m'auroit été facile de leur amaſſer lors de mes emplois dans les finances, ſi Dieu par une faveur que je ne ſçaurois aſſez reconnoître, ne m'avoit donné de l'horreur pour tout ce qui s'acquiert par des voies illégitimes. Je le prie d'en graver ſi fortement une ſemblable dans le cœur de mes petits-fils, qu'ils conſidérent la vertu comme le plus grand de tous les treſors, & ſe mettent continuellement devant les yeux, cette merveilleuſe parole

role ſortie de la propre bouche de JESUS-CHRIST: QUE SERVIROIT A L'HOMME DE GAGNER TOUT LE MONDE, S'IL PERDOIT SON AME? Et cette autre parole du Grand Apôtre. LA FIGURE DE CE MONDE PASSE; pour faire voir par une telle expreſſion, que ce monde eſt ſi mépriſable, que ne méritant pas d'être conſidéré comme quelque choſe de réel, il ne peut paſſer que pour une figure, c'eſt-à-dire, pour une chimére & pour un néant.

Je ne ſçaurois ne point eſpérer de l'infinie bonté de Dieu, qu'il répandra ſes ſaintes bénédictions ſur ces enfans, lorſque je conſidére de quelle ſorte il lui a plu de bénir le mariage dont ils ſont nés. Car je ne crois pas qu'il s'en puiſſe voir un plus heureux. Et pour faire connoître combien je ſuis content de leur mere, & quelle eſt mon eſtime pour elle; il me ſuffit de dire qu'il ne lui manque aucune des qualités que je pouvois déſirer pour avoir ſujet de l'aimer parfaitement; & que je ne la regarde pas ſeulement comme ma belle-fille, mais comme ma propre fille.

Je penſe m'être acquité de ce que mon

fils

fils de Pomponne a desiré de moi, & j'y ajoûterai seulement que ma plus grande passion après mon salut, ayant été d'avoir pour amis les personnes que j'ai connuës être les plus dignes d'estime, je crois que nul autre n'en a eu tant que moi de véritables, & dont le mérite & la vertu doivent faire réputer à grand honneur d'être aimé. Que si je ne les ai pas tous nommés dans ces Mémoires, c'est qu'il m'a semblé ne devoir parler que de ceux qui se rencontrent avoir part aux choses que j'ai rapportées.

Néanmoins comme les morts doivent avoir en cela quelque privilége, je veux croire qu'en demeurant dans le silence pour les vivans, dont j'aurois souhaité de pouvoir parler sans affectation, on ne trouvera pas étrange que je dise quelque chose de quatre personnes, dont deux qui ont fait honneur à leur sexe & à leur siécle, n'ont honoré nul autre plus que moi de leur amitié ; & les deux autres qui étoient des hommes d'un rare mérite, étoient mes amis très-intimes.

De ces deux Dames, l'une étoit Madame la

la Marquiſe de Magnelais, qui peut paſſer pour la Sainte Paule de nos jours, tant on a vû paroître en elle avec éminence toutes les vertus qui peuvent faire admirer les graces de Dieu dans une Veuve véritablement chrétienne, telle que le grand Apôtre la repreſente. L'autre étoit Madame la Marquiſe de Ramboüillet, que je ne ſçaurois loüer davantage, qu'en diſant, qu'encore que l'on n'ait de nôtre temps vû perſonne à qui l'on ait donné plus de loüanges, elle les méritoit toutes, & il n'y avoit autre difference entr'elle & ces anciennes Romaines, de qui elle tiroit en partie ſon origine, que l'avantage incomparable qu'elle avoit par-deſſus elles, de pouvoir par une foi & des vertus auſſi véritables, que les leurs étoient fauſſes, eſpérer de la miſericorde de Dieu, de le voir éternellement dans un autre monde.

Les deux hommes étoient Monſieur le preſident Barillon & M. Briquet, Avocat général, ſi connus par la réputation qu'ils ont laiſſée, que je me contenterai d'en rapporter ſeulement quelques particularités qui me regardent. Je commencerai par M. le president Barillon. Comme l'amitié ne sçauroit être plus grande entre deux freres, que celle qui étoit entre lui & moi, & qu'ainsi le fond de son cœur ne m'étoit pas moins connu que le mien, je dois rendre cet honneur à sa mémoire que l'ambition ni la vanité n'avoient point de part à cette fermeté infléxible qui lui a coûté divers éxils, diverses prisons, & enfin la vie. Sa liberté à dire son sentiment sur les affaires publiques ne procédoit que de ce qu'il étoit persuadé que sa conscience l'y obligeoit; & un peu avant qu'on l'envoyât à Pignerol, il me dit dans notre entiére confiance que ne pouvant changer de conduite dans l'éxercice de sa charge sans trahir ses sentimens, son dessein étoit de la quitter, & de se retirer dans une de ses terres pour y passer avec ses livres & quelques-uns de ses amis, une vie tranquille, & penser sérieusement à son salut. On ne pouvoit voir sans étonnement qu'il n'étoit pas plûtôt éxilé ou prisonnier dans quelque Province du Royaume, qu'il sembloit qu'il n'y fût allé que pour prendre possession

de

de quelque grande charge, tant il s'y acquéroit d'autorité. Et il n'y avoit pas sujet de s'en étonner, parce que sa grande capacité, son humeur franche, libre, civile & obligeante, charitable, & libérale, lui gagnoient le cœur de tout le monde. Il terminoit plus de procès par des arbitrages & des accommodemens, qu'il n'en auroit jugé dans le Parlement; il réünissoit les familles divisées; avoit toûjours les mains ouvertes aux besoins des pauvres; & conservoit son esprit dans un tel calme, que ceux qui le voyoient si tranquille avoient peine à ajoûter foi à leurs propres yeux pour le croire éxilé ou prisonnier. Tant de lettres que j'ai de lui, lorsqu'il étoit en cet état, & dont on peut voir quelques-unes des réponses dans les miennes imprimées, ne peuvent permettre de douter de la vérité de ce que je dis; & il me souvient sur ce sujet que Monsieur le Chancelier me parlant un jour du dessein que l'on avoit de le releguer encore à cause qu'on le rencontroit toûjours pour obstacle dans le Parlement, me dit:
„ Nous ne sçavons plus où l'envoyer, parce
„ qu'en quelque lieu qu'il aille, il y est reçu

„ comme

„ comme en triomphe. „ Je n'ai point vû d'homme, qui eût l'ame plus élevée au-dessus de l'argent ; & il me dit un jour qu'il donneroit de bon cœur cent mille livres de la charge de Lieutenant civil, à condition qu'elle ne lui vaudroit comme autrefois que trois mille livres par an ; mais qu'il croiroit son argent bien employé, puisqu'il lui donneroit la satisfaction d'établir une telle police dans Paris, que nulle autre ville du monde ne pourroit être mieux réglée.

Dans le même tems que je le perdis, je perdis Monsieur Briquet, qui étoit aussi l'un des hommes de sa profession du plus grand mérite, & de la plus solide vertu. Il avoit l'esprit si beau, si élevé, si capable, qu'étant passé de la charge de Conseiller au Parlement à celle d'Avocat général qu'avoit M. Bignon son beau-pere, dont le nom est si célebre, sans avoir avant parlé en public, il soutint d'une telle sorte la dignité d'une charge si difficile, que son sçavoir, son jugement & son éloquence étonnerent cette grande compagnie, & le firent admirer de toute la France. Mais on peut dire

avec

avec vérité qu'il lui en coûta la vie, parce que son extrême travail joint aux efforts sans lesquels ces grandes actions ne se peuvent faire, lui causerent un crachement de sang qui l'emporta dans un âge où il avoit acquis en peu d'années une réputation extraordinaire : Et pour faire voir jusqu'où alloit l'extrême amitié qu'il avoit pour moi, il me suffit, ce me semble, de dire, entre tant d'autres choses que j'en pourrois rapporter, qu'après avoir fait quelqu'une de ses principales actions publiques, il venoit me les dire en particulier de vive voix dans mon cabinet, jusqu'à parler quelquefois trois heures de suite. Aussi l'on peut juger quelle douleur ce fut pour moi de perdre en même temps deux tels amis.

Fait à Pomponne le 25. jour de Juin 1667.
signé, ARNAULD D'ANDILLY.

FIN.

www.ingramcontent.com/pod-product-compliance
Ingram Content Group UK Ltd.
Pitfield, Milton Keynes, MK11 3LW, UK
UKHW020255180726
13839UKWH00001B/319

9 782329 378084